被遗忘的
阿兹特克
AZTECS

[英]爱丽丝·巴尔内斯·布朗 编著
李应鹰 译

中国画报出版社·北京

图书在版编目（CIP）数据

被遗忘的阿兹特克 /（英）爱丽丝·巴尔内斯·布朗编著；李应鹰译. -- 北京：中国画报出版社，2023.11
（萤火虫书系）
书名原文: Book of the Aztecs
ISBN 978-7-5146-2306-2

Ⅰ. ①被… Ⅱ. ①爱… ②李… Ⅲ. ①阿兹蒂克人—民族历史—通俗读物 Ⅳ. ①K731.809

中国国家版本馆CIP数据核字(2023)第201909号

Articles in this issue are translated or reproduced from Aztecs Second Edition and are the copyright of or licensed to Future Publishing Limited, a Future plc group company, UK 2020.

北京市版权局著作权合同登记号：01-2023-4302

被遗忘的阿兹特克

［英］爱丽丝·巴尔内斯·布朗 编著　李应鹰 译

出 版 人：方允仲
审　　校：崔学森
责任编辑：李　媛
内文排版：郭廷欢
责任印制：焦　洋

出版发行：中国画报出版社
地　　址：中国北京市海淀区车公庄西路33号　邮　编：100048
发 行 部：010-88417418　010-68414683（传真）
总编室兼传真：010-88417359　版权部：010-88417359

开　　本：16开（787mm×1092mm）
印　　张：13.5
字　　数：230千字
版　　次：2023年11月第1版　2023年11月第1次印刷
印　　刷：北京汇瑞嘉合文化发展有限公司
书　　号：ISBN 978-7-5146-2306-2
定　　价：78.00元

欢迎来到
阿兹特克世界

1521 年，一个庞大的帝国陨落了。阿兹特克人在中美洲统治了约200年，但西班牙人步步逼近，渴望将这片新大陆据为己有。阿兹特克丰富的文化和整体文明在此终结。但即便如此，阿兹特克文明的遗产依旧存留至今。

就让我们在此开始探索阿兹特克人的世界。走在特诺奇提特兰城的街道上，游览神圣的大神庙，了解阿兹特克人日常生活的真实情况，并烹饪几道正宗的阿兹特克美食。

目录

- 6 　阿兹特克人的秘密
- 17　阿兹特克文明的起源

生活与社会

- 32　阿兹特克艺术展
- 43　宗教信仰
- 53　阿兹特克式家庭
- 62　如何玩好特拉赫特利游戏
- 66　与阿兹特克人同食
- 80　在特诺奇提特兰城的生活
- 96　金字塔政治

战争与帝国

108 蒙特祖马二世：阿兹特克帝国的最后一位统治者

119 阿兹特克帝国的征服之路

阿兹特克帝国的衰落

137 埃尔南·科尔特斯

143 科尔特斯 vs. 蒙特祖马二世

157 入侵之后

阿兹特克的遗产

171 再探特诺奇提特兰城

191 阿兹特克的过去存在于墨西哥的未来

206 帝国其他遗迹

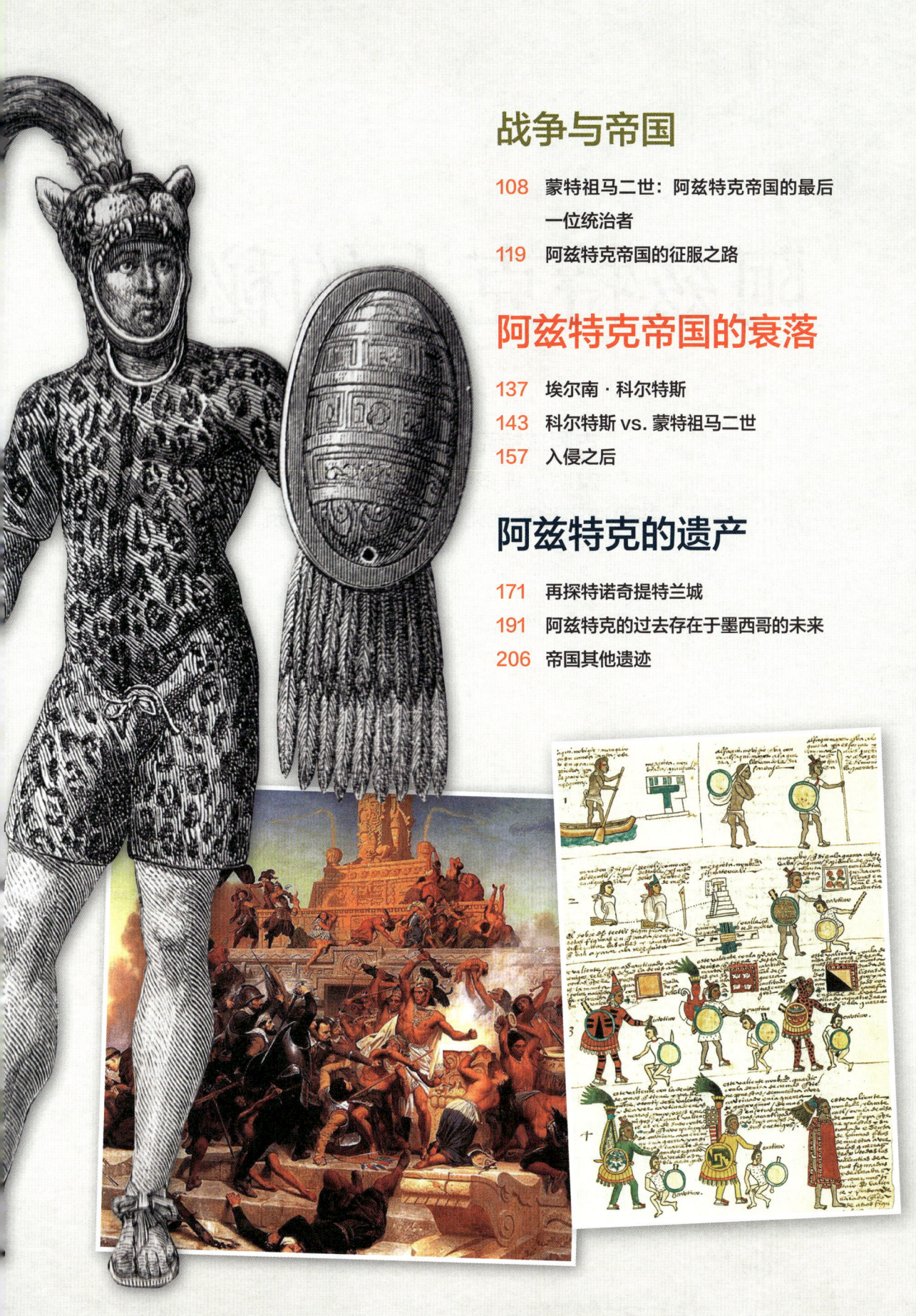

阿兹特克人的秘密

古阿兹特克人精通科学，
发明了许多药物和技术，
并建造了地球上无与伦比的巨型建筑

作者：罗伯特·琼斯

尽管与世隔绝于中美洲深邃、黑暗、残酷的丛林中，但300多年来，古阿兹特克人以推动科技进步的方式打破了"嗜血野蛮人"的刻板印象，他们曾是许多我们如今习以为常的科学技术领域的先驱者。更重要的是，他们涉足领域十分广泛，囊括了天文学和医学。同时，他们将获得的知识储存在巨大的手抄本图书馆中，这些手抄本包含了他们如何建立这个庞大社会的秘密。

不幸的是，当西班牙殖民者埃尔南·科尔特斯（Hernán Cortés）在16世纪初击败阿兹特克文明时，这些被认为是异端的文本被大量烧毁，许多知识也因此永远湮灭于历史的长河之中。幸运的是，也有少许关于阿兹特克科学知识的记录幸存了下来，今天，历史学家们正在为揭开其中的秘密而不懈奋斗。下文将会揭晓阿兹特克文明中最引人瞩目的一些科学知识。

维加拉手抄本（Codex Vergara，一份地籍手稿）中隐藏着关于阿兹特克数学的丰富信息，这些信息如今已被解码。人们发现这是一种二十进制系统，而非我们现今所使用的十进制系统。阿兹特克人的二十进制系统以20为基数（而不是像十进制系统那样以10为基数），书面的点相当于1，连字符式的线条相当于5，还有其他各种符号代表20及其倍数。根据维加拉及其他手抄本的记载，这一系统被应用于税收之中，征税主要是基于所拥有的土地来开展的。同时该系统也被用于商业贸易，因建立了严格的加减乘除计算

简介
阿兹特克人
墨西哥，14—16世纪

阿兹特克是中美洲的一个讲纳瓦特尔语（Nahaltl）的民族，在14—16世纪逐渐统治了整个墨西哥。虽然这一民族的起源尚未确定，但最近的证据表明，其文明是从一个于12世纪以前居住在墨西哥高原北部的狩猎采集者部落发展而来的。他们在特斯科科湖（Lake Texcoco）上建造了首都特诺奇提特兰城，西班牙人埃尔南·科尔特斯的入侵导致阿兹特克帝国于1520年崩溃之前，这里一直是他们帝国的心脏。

▲ 我们对阿兹特克人的了解大多来自其本族人的著作和记录

规则，贸易中农产品交易量的数值非常精确。在前哥伦布时期的所有中美洲民族中，阿兹特克人可以说是最有成就的数学家，他们使用独特的数字系统进行计算、记录，甚至将这一数字系统用于特诺奇提特兰城（Tenochtitlán）的税收制度之中。

阿兹特克人同样用数学方法测量土地。他们使用了一些算法来计算土地的面积，最基本的算法是长度乘以宽度，而针对形状不规则的土地，则用两条相对边的平均值乘以一条相邻边的方式来计算面积。土地是用"土地棒"（land rod）来测量的，这是阿兹特克人线性测量的标准单位，

> 通过天体周期这一知识，阿兹特克人可以利用天体测量法来追踪太阳年的长度。

长度为2.5米。阿兹特克人还使用了包括箭头、爱心和手在内的各种符号来表示不足一土地棒的测量结果。这种数学上的精确性也延伸到了其他领域，比如建筑——这是阿兹特克人在技术方面最先进的领域之一。阿兹特克人是伟大建筑者的证据在现如今的墨西哥随处可见。

从阿兹特克大神庙建筑群（El Templo Mayor）中我们可以看出，阿兹特克人在建造阶梯式金字塔和公共建筑方面非常专业，他们切割、雕刻并搬运巨型石块，并以精确的几何形状将其排列。不仅如此，他们也是优秀的房屋建造者。一般来说，即使是最贫穷的平民也能够居住在人造住所里，在首都特诺奇提特兰城，人造住房的平均面积约为20平方米。受所处环境的影响，阿兹特克人倾向于将房屋建造在用木条和灰泥（wattle-and-daub）制作的高台上，手抄本表明这些高台离地面大约有40厘米。这在特诺奇提特兰城这个沼泽城市尤为重要。先由木框架搭出轮廓，然后用石头、沙子、石灰、黏土及土坯砖（由水、沙子和黏土的混合物塑造而成）填充而成的墙壁在阿兹特克建筑中非常常见。

阿兹特克建筑中的屋顶设计十分多样，平顶和尖顶都很常见。屋顶的建筑材料也种类繁多，从稻草到木头、砖块等都有使用。从出土的证据及幸存手抄本中破译的信息来看，阿兹特克人在建筑的过程中使用了一系列建筑工具，如刀和斧头等切割工具及泥铲和镐等，如果房子的出资人特别富有，他们还会对房子进行另外的雕刻设计。权贵们通常会给自己的住宅涂上颜色，阿兹特克人只使用天然的植物和动物原料，如含有红色胭脂酸的胭脂虫等甲虫，来制作彩色染料和油漆。城市中的建筑是按重要性排列的，这在很大程度上依赖于阿兹特克人对天文学的掌握。

正如门多萨手抄本所揭示的那样，阿兹特克

▲ 阿兹特克是一个高度发达的文明社会

的祭司和贵族都是出色的天文学家，他们积累并储存了数个世纪以来破译星空的知识，并在与更广阔的世界隔绝的情况下将其代代相传。记录显示，他们不仅能够通过在城界线（site lines）上放置一组交叉木杆的方式来准确地跟踪太阳、月亮和其他行星等天体的运动，同时还利用这些信息创建了宗教和太阳历，并沿着二分线确定了其关键建筑的朝向。例如，特诺奇提特兰城的大神庙呈对称分布，因此在春分日（3月21日），太阳会直接从大神庙两个顶部的神殿之间升起，阿兹特克人则会在那里为太阳举行献祭仪式。阿兹特克人能够根据星星的位置进行导航。种种事实表明，阿兹特克人是真正的天文学专家。天文学主要由阿兹特克贵族和祭司学习传承，后者在神庙中使用专门的天文台来跟踪天体运动。

通过利用天体周期知识，阿兹特克人还可以追踪太阳年和朔望月的长度、确定金星轨道的周期并预测日食和月食。根据阿兹特克手抄本的描述，他们还非常擅长计算彗星和小行星出现的时间，并经常以一定的仪式来纪念这些时刻。

当然，阿兹特克天文学最实际的日常应用是他们创造的日历，其中包括365天的太阳历和260天的占卜历。以前的日历在特诺奇提特兰城中以日历石的形式表现，这样每个人都可以记录时间的流逝。

农业是阿兹特克人最大限度地利用其科学技术的领域之一。阿兹特克人生活在中美洲的大沼泽地区和湖泊密集地区附近，设计并建造了梯田和人工岛系统，以确保作物在最适宜的土地上生长。他们修建了引水渠和沟渠以确保作物得到灌溉，并制作了用于作物种植和收获的工具和基本农机。阿兹特克人最常种植的作物是玉米，但因精通农艺，他们也种植了许多其他作物，如南瓜、豆类、牛油果和番石榴等。

阿兹特克人最大的城邦——特诺奇提特兰城建立在特斯科科湖中央，城中居住着20万人，因此量大且稳定的食物供应对阿兹特克人来说十分必要。阿兹特克人精通灌溉技术和浮园耕作法（chinampas construction system），这意味着他们的土地上一年四季都种植着大片的农产品，也意味着玉米、豆类、南瓜等作物在这片陆地上具有超高的种植率。

阿兹特克人还掌握了营养学知识，尤其是种植作物时的土壤健康和用水方面的知识。事实上，阿兹特克人运行着有史以来最先进的作物轮作系统之一：他们知道某些作物会耗尽土地的特定营养物质，于是根据这一点，他们会确保土地上总是轮换种植一种新的农产品，从而使土壤中的营养物质得以恢复。此外，阿兹特克人会将特定作物与确保种植区域内营养平衡的作物组合在一起，以确保农场每平方米土地的产量最大化。不仅如此，阿兹特克人还种植了许多草药，这些

阿兹特克字母表

这个古老的文明是如何推动文字发展的？

A E I O U

如果需要进一步的证据来证明阿兹特克人教育的先进程度，那么只需要分析这个社会的字母表就足够了。阿兹特克字母表分为象形符号、表意符号和音形符号。象形符号是准确代表其所指内容的符号，例如，蛇的象形文字意味着"蛇"，发音为"斯奈克"（snake）。音形符号是代表声音的图形，就像今天绝大多数的字母表一样，其中的字母代表特定的声音，单词可以由这些声音组合而成。

阿兹特克字母表由四个基本元音和包括cu、hu和ch在内的大量辅音构成。表意符号是字母表中最抽象的部分，由代表一个完整概念的符号组成。例如，阿兹特克字母表中的一个脚印符号代表了一段旅程或时间的流逝，因此经常被用来描述故事中名人的行动。

▲ 阿兹特克人用他们的字母表来记录城市和文化信息

阿兹特克日历

现在让我们来了解一下这个独特的计时系统吧

阿兹特克日历包括一个365天的周期,名为"年计数",和一个260天的周期,名为"日计数"。这两个周期共同构成了阿兹特克文明中一个52年的世纪或"历法循环",前一个周期基于太阳的运动,后一个周期则基于宗教信仰。年计数周期由18个20天的月份组成,最后还剩下的5天时间被阿兹特克人视为不祥。日计数周期由20个被称为旬(trecena)的13天周期组成,每旬各有其守护神。

虽然阿兹特克人的日历系统中存在着许多显而易见的不准之处,但他们能够利用自身在天文学和数学方面的进步,在中美洲与世隔绝的丛林深处创造出如此接近于太阳年的日历,已然是一个伟大的成就。此外,尽管阿兹特克人的宗教历法以神话神灵为中心,但其许多方面都以对地球环境和大气的科学研究为基础。我们可以在阿兹特克历法石上看到其宗教历法的一个很好的代表——日计数周期。阿兹特克历法石是一块巨大的、直径为3.7米、重达24吨的装饰性太阳石,曾在阿兹特克人的古老文明中占有重要地位。这块石头展示了阿兹特克人对几何学的先进理解,我们在右图中将其分解成了不同的组成部分。

日
围绕着元素神和太阳神的是宗教周期中 20 天的图形代表，通常被称为日符号。它们所代表的内容可以从兔子和鹿等动物延伸到死亡和运动等抽象概念。

太阳神
在历法石的中央，有一幅太阳的画像，上面是阿兹特克太阳神托纳提乌（Tonatiuh）的脸。它的位置表明一切都围绕着太阳旋转。托纳提乌的金色头发代表了太阳的颜色。

光线
与太阳本身有所不同，这些 V 形雕刻描绘了太阳的光线，点亮了日历上的日符号。

火焰
日历周围环绕着一圈火焰，阿兹特克人将其描绘成一对火蛇燃烧着的尾巴，并称其为火蛇（Xiucoatl）。它们与太阳并肩作战，对抗天敌黑夜和月亮。

元素神
有四个神明围绕着太阳，其中三神为火、水和风元素之神。第四个则是美洲虎神奥瑟洛托纳提乌（Ocelotonatiuh），它以一种间接的方式代表了时间的流逝，该神与最遥远的宇宙时代有关。

草药用于阿兹特克的另一门专业科学——草药学之中。

阿兹特克人对医药科学的理解在当时是非常先进的。在大多数西方国家还处于用祈祷词或是误导人的安慰剂来治疗疾病的时代,阿兹特克文明赋予了当地医生地位及威望,并鼓励他们深入研究人体和潜在可行的治疗方法。在这些研究中,对植物及其药用效果的研究处于核心地位,据巴贝里尼手抄本(Codex Barberini,通常称为"阿兹特克草药书")等记载,通过这些研究,阿兹特克医生发明了能够防止手术期间肌肉痉挛的抗痉挛药物,为了实现这一效果,他们使用的主要物质是西番莲。阿兹特克医生们的其他发明还包括有机膏状止痛药、治疗耳痛的液体橡胶和用于包扎伤口的黑曜石粉。

由于对人体和环境的深入研究,阿兹特克医生成为世界上最熟练的草药学家之一。事实上,随着医院的建立,阿兹特克医生被鼓励进行研究,探究大型公共庭园中种植的植物的功效。在这种科学研究的基础上,阿兹特克医生积累了许多我们今天习以为常的医学常识,包括人们不应该通过看日食的方式来防止视力损伤、蒸气浴可以清洁皮肤和鼻窦、某些特定的食物对人体更健康等。

这些庞大的知识宝库使得阿兹特克人在科学和技术上超越了许多其他古代文明。他们发现的科学秘密经受住了时间的考验,他们从古代文化中打捞出来的知识不仅推动了其所在领域的进一步发展,也极大地助力了现有科学的进步。

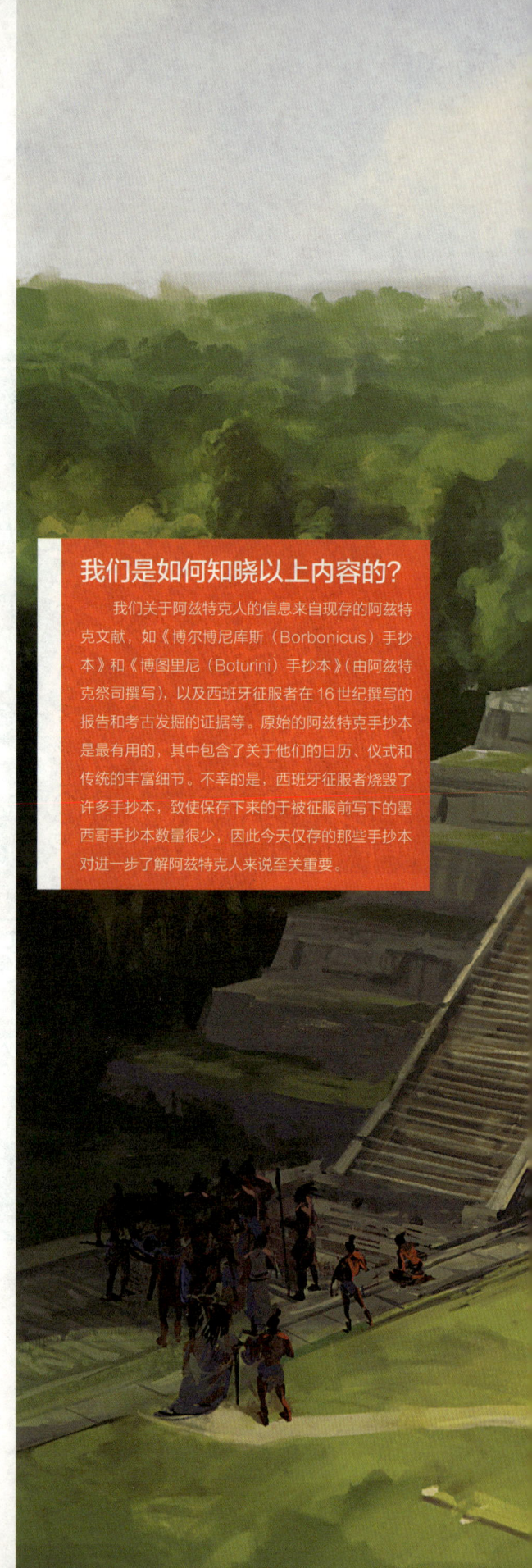

我们是如何知晓以上内容的?

我们关于阿兹特克人的信息来自现存的阿兹特克文献,如《博尔博尼库斯(Borbonicus)手抄本》和《博图里尼(Boturini)手抄本》(由阿兹特克祭司撰写),以及西班牙征服者在16世纪撰写的报告和考古发掘的证据等。原始的阿兹特克手抄本是最有用的,其中包含了关于他们的日历、仪式和传统的丰富细节。不幸的是,西班牙征服者烧毁了许多手抄本,致使保存下来的于被征服前写下的墨西哥手抄本数量很少,因此今天仅存的那些手抄本对进一步了解阿兹特克人来说至关重要。

大神庙

阿兹特克人是如何建造这座壮观的建筑的？

初建于1325年，之后又进行了六次扩建，特诺奇提特兰城巨大的大神庙无疑是古代世界的奇迹之一，它以接近30米的高度耸立在阿兹特克城邦的其他建筑之上。事实上，它最终于16世纪被西班牙征服者洗劫并摧毁。这座金字塔神庙由四个陡峭的斜坡露台及其顶部的一个长100米、宽80米的大平台组成。此外，它还有两组石阶，分别通往两个宏伟的神殿。寺庙的每一部分都有雕刻装饰，其周围有一片巨大的用石板铺成的区域，面积可达4000平方米，这片区域里布满了栏杆和其他装饰物。

大神庙可以说是阿兹特克人在中美洲文明时期所掌握的先进建筑技术的巅峰之作。他们先在专门的采石场为露台所需的巨石进行雕刻（阿兹特克是中美洲和南美洲第一个将这一过程工业化的社会），然后利用脚手架和绳索升降机械将人员和工具运送到其建筑体上，最后利用专业的工艺为建筑雕刻出巨大的龙形纹饰，并用彩色油漆来修饰寺庙的外观。如此一来，大神庙成了宏伟的庙宇。事实上，如果不是西班牙征服者突然毁灭了他们的社会，谁能知道他们的庙宇最终将变得多高、多壮观呢？

◆

阿兹特克文明赋予了当地医生较高地位及威望，并鼓励他们深入研究人体和潜在可行的治疗方法。

◆

《门多萨手抄本》中所示的特诺奇提特兰的建立

◀《博图里尼手抄本》中描述的阿兹特克人为了寻找新家园而迁徙的场景

阿兹特克文明的起源

中美洲最复杂且最野蛮的文明之一是如何在特斯科科湖畔崛起的

作者：哈里·坎宁安

根据传说，阿兹特克人于公元1000年左右从他们的祖居、神话中的故乡——阿兹特兰来到了今天的墨西哥。他们起初居住在奇科莫兹托克（Chicomoztoc，神秘的"七洞之乡"），随后才建立了阿兹特兰，后者是一个被水包围的地区。事实上，阿兹特克这个词据说是指"来自阿兹特兰的人"，尽管特诺奇提特兰城（在特斯科科湖畔建立的城市）的公民并没有用这个词来称呼自己。阿兹特兰是曾经真实存在还是只存在于神话之中也是一个相当大的历史争论点，对此，我们至今仍没有明确答案。如果阿兹特兰是一个真实存在的地方，有人推测它可能位于现在的墨西哥北部甚至是美国南部，当地人因干旱而被迫南迁。

有人认为阿兹特克人曾试图在许多地方定居，但被当地人发现他们用活人进行献祭之后，便不停地被迫迁移。在这一时期，阿兹特克人像游牧民族一样生活，随风而居。他们以小团体的形式进行流动，这种团体被称为"卡尔普利"（calpulli），就像部

17

宇宙的线索

夜空如何帮助我们揭示阿兹特克人的迁移动机

▲ 蟹状星云是1054年超新星的残余，早期的阿兹特克人可能亲眼看见了这一过程

与许多其他文明一样，阿兹特克人经常仰望夜空中的星星，以此来为生命中的许多重大问题提供指导或答案。超新星是他们可能观察到的壮观现象之一。这种戏剧性的宇宙事件发生在一颗大质量恒星达到其生命尽头并爆炸的时刻，它会产生令人难以置信的明亮闪光，这种闪光可以持续数天、数月甚至数年，直至最终消失不见。即使超新星可能发生在数百或者数千光年之外，我们也能在地球上的夜空中看到它的存在，有时我们在白天仰望天空也能发现它的身影。

1054年就曾有一场超新星爆发在大约6500光年之外。它看起来就像天空中一颗非常明亮的新星，当时的中国和阿拉伯天文学家都记录下了这一事件。顺便说一下，阿兹特克人也是在1054年才开始使用他们的日历，这一时间远早于他们看到特斯科科湖的时间。这是否就是传说中维齐洛波奇特利神告诉他们的开始迁移的标志？即使这只是一个巧合，这一事件显然也意义重大，也许它可以帮助我们收集关于阿兹特兰的潜在位置的线索。它提供了一个临时的开始日期，我们可以尝试着向前推进，追溯迁徙的阿兹特克人于1325年在特斯科科湖建立定居点之前的三个世纪中可能走过的地方。

当西班牙人于1519年抵达时，阿兹特克人已经建成了彼时世界上最大且最复杂的城市之一。

落一样，它所指的是来自同一祖先的一群家庭。有一段时间，他们可能为墨西哥山谷中的另一座城市库尔瓦坎（Culhuacan）的百姓充当了雇佣兵。但在他们牺牲了库尔瓦坎领导人的一个女儿之后，他们很快就被库尔瓦坎人驱逐了。

阿兹特克人还在神圣的科特佩克山（Coatepec，"蛇山"）附近建造了另一座城市，在那里，他们试验了水坝和水资源管理，这将决定他们在特斯科科湖的成功。这座城市是按照北、南、东、西四个主要方向建造的，人们认为这四个方向代表了不同的神灵和元素。科特佩克还被认为是太阳神维齐洛波奇特利（Huitzilopochtli）的出生地，据说阿兹特克人用活人向他献祭，这种献祭的残忍程度也是一个历史争议问题。一些人认为，西班牙人污名化了关于人祭的描述，以便为他们自己在征服期间的野蛮行为辩护，但最近的考古发现表明，西班牙人的描述可能比人们最初想象的更为准确。

一件超级可怕的事情证明了这一点。在阿兹特克人内部，有些部落里的人觉得自己已经安定下来了，想要留在城里，但维齐洛波奇特利神似乎并不赞同这个想法，并表达了他的观点。根据《阿兹特克人：新视角》的作者德克·R. 范·图伦豪特（Dirk R. Van Tuerenhout）所说，这个传说描述了一场不祥的风暴，"午夜时分，阿兹特克人听到了一声巨响，第二天，惠茨纳华（Huitznahua）氏族（支持留在城中的部落）的领导人们，包括他们的大领导柯约莎克（Coyolxauhqui），都突然横死。所有人都被打开了胸膛，取出了心脏。"

据说到了14世纪，维齐洛波奇特利引导阿兹特克人来到了他们在特斯科科湖的新家，并送给了他们三件礼物：一支箭、一把弓和一张网，他认为这将有助于他们在政治上占据主导地位。特斯科科湖是位于墨西哥广阔盆地中的五个湖泊之一，这里是一个被山脉环绕的山谷，面积达96000平方米。据说，当阿兹特克人到达时，他们看到一只老鹰正威风凛凛地坐在一株仙人掌上，囫囵地吞着一条蛇，他们认为这预示着这里是他们最终应该定居的地方。事实上，这个标志（鹰啄蛇）一直留存至今，它成为墨西哥国徽的组成部分，并被装饰在墨西哥国旗之上。

据称，维齐洛波奇特利曾告诉阿兹特克人，这个标志标记了其侄子科皮尔（Copil）的心脏所在的位置。根据传说，维齐洛波奇特利充满悔意地杀死了科皮尔，并把他的心脏扔在了特斯科科湖的中央。根据《门多萨基本法典》（*The Essential Codex Mendoza*）的作者弗朗西斯·伯丹（Frances Berdan）和帕特里夏·里夫·阿纳瓦特（Patricia Rieff Anawalt）所说："对阿兹特克人来说，传说中描绘的鹰是太阳的象征，它与维齐洛波奇特利有关……鹰即将吃掉的仙人掌果实可能代表了人类为了支撑太阳每日穿越苍穹而奉献给它的心脏……"

最初湖上只有两个小岛，后来阿兹特克人巧妙地在特斯科科湖上建造了一个大型人工岛。他们从大陆运来岩石和泥土，然后用泥土和芦苇扩大地表面积，甚至种植了树木，这样树根就可以起到支撑作用。在这个新的岛屿上，阿兹特克人

> 我们所说的阿兹特克人用各种各样的名字来称呼自己，包括墨西加人（Mexica）、阿科尔瓦人（Acolhua）和特诺奇卡人（Tenochca）。

建造了一个似乎是从周围水域中升起的定居点，他们称自己的新家为特诺奇提特兰城。

起初，这座城市实行神权统治，最高的宗教领袖（祭司）是城市的统治者。特诺奇（Tenoch）是特诺奇提特兰城建城后的第一批领导人之一，因此，他被认为是这座城市的统治者中最重要的一位，特诺奇提特兰城也因其而得名。人们相信他在阿兹特克人战胜库尔瓦坎人的过程中扮演了重要角色。同样，我们很难断定特诺奇是一个真实存在的统治者，还是一个神话人物，抑或是一个被后人美化了的重要角色。

特诺奇提特兰城中的建筑最初只是最简单的泥土屋，但随着时间的推移和城市的发展，这些泥土屋最终被更复杂的结构所取代。大神庙是这座城市的核心建筑。最初，它只是一个神龛，经过不断地拆除重建，不断地被更华丽的建筑取而代之之后，它很快成为整个宗教区域的焦点。

阿兹特克人认为自己是那些在14世纪就已经定居墨西哥盆地的部落们的宗教亲属（spiritual relatives，人们认为阿兹特克人与其中许多部落有共同的祖先），例如托尔特克人（Toltec）。阿兹特克人的大部分文化和宗教也与该地区的其他部落非常相似，甚至相同。因此，要确定谁是真正的阿兹特克人，以及阿兹特克人这一术语的适用范围有多广，可能会很困难。一些历史学家选择使用墨西哥人一词来代替阿兹特克人。

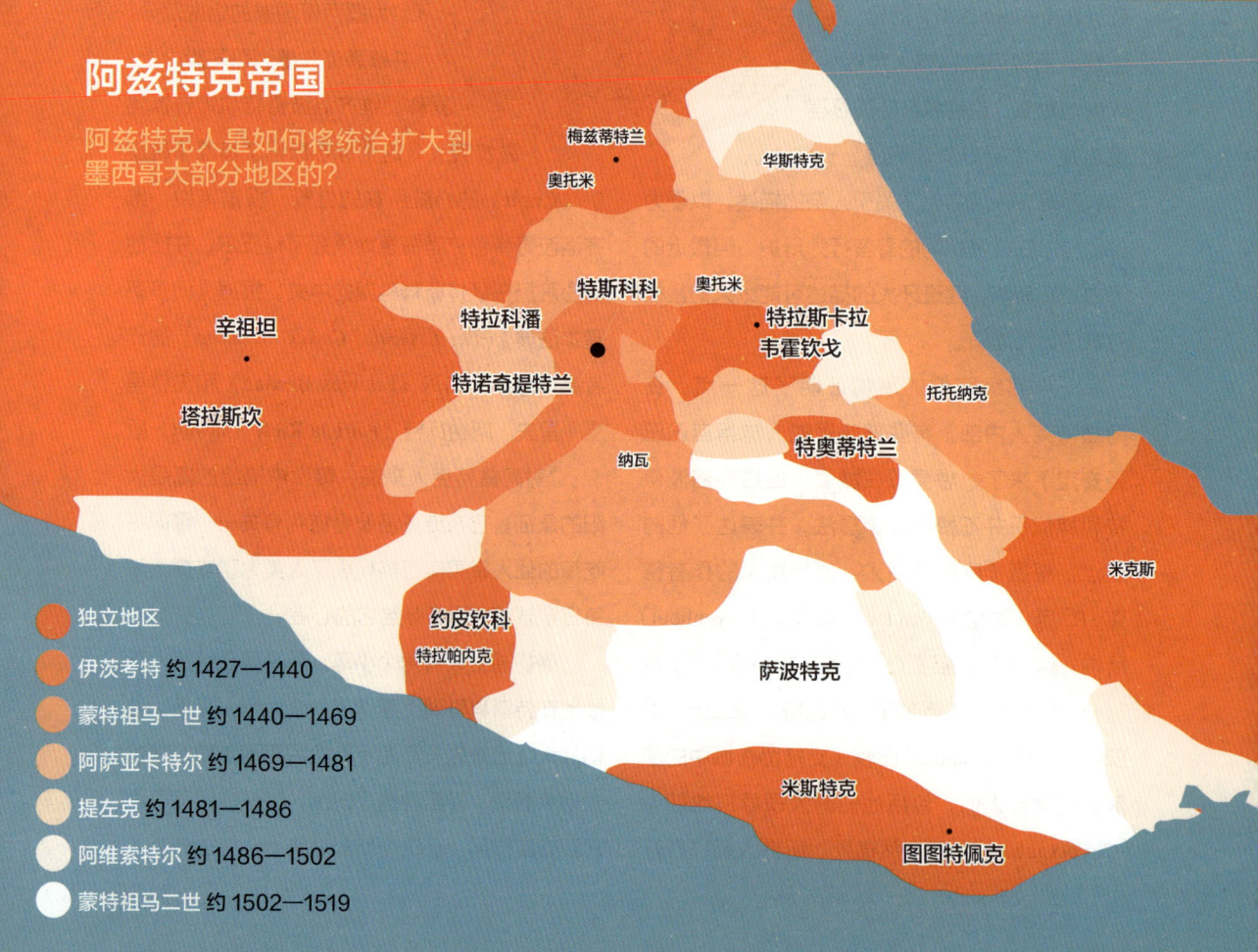

阿兹特克帝国

阿兹特克人是如何将统治扩大到墨西哥大部分地区的？

- 独立地区
- 伊茨考特 约1427—1440
- 蒙特祖马一世 约1440—1469
- 阿萨亚卡特尔 约1469—1481
- 提左克 约1481—1486
- 阿维索特尔 约1486—1502
- 蒙特祖马二世 约1502—1519

当西班牙征服者于1519年11月8日抵达时，阿兹特克人已经建成了彼时世界上最大且最复杂的城市之一。当时特诺奇提特兰城中大约有20万居民，而同一时期的塞维利亚和伦敦分别只有6万和5万人口，巴黎和君士坦丁堡（现在的伊斯坦布尔）各有30万人口。与湖上的主城（占地约12平方千米）相连的是桥梁、堤道和连接不同社区的繁华运河，这些也是后来在同一地点建造的墨西哥城大都市的组成部分。事实上，当西班牙人到来时，这座城市的运河结构非常先进，因此它也被西班牙人称为"西方的威尼斯"。特诺奇提特兰城中也展现出了巨量的财富。国王的食物中包含兔肉、鹿肉和野猪肉，国王甚至用纯金的杯子喝酒。很明显，当地丰富的资源在这个繁荣城市的经济发展中发挥了巨大的作用。正如范·图伦豪特（Van Tuerenhout）所指出的那样，"当时有丰富的可用资源：有许多候鸟与水生动物可供猎杀和收集。与此同时，人们还会将这些资源带到特斯科科湖沿岸更大社区的市场上进行售卖"。

不幸的是，西班牙人故意销毁了许多有助于我们了解特诺奇提特兰城早期历史的文件和图纸。《门多萨手抄本》是幸存下来的最重要资料之一，是为西班牙国王、神圣罗马帝国皇帝查理五世编写的，旨在供其阅读。该手抄本以受任编写它的新西班牙（西班牙在中美洲和南美洲的殖

▶ 安东尼奥·德·门多萨是新西班牙的第一任总督，他受托编写了《门多萨手抄本》

▲ 蒙特祖马一世的加冕典礼

◀ 直到今天，鹰啄蛇的标志仍然是墨西哥的一个重要符号

民地）总督安东尼奥·德·门多萨的名字命名。然而，这部手抄本从未到达其预定的目的地，因为根据记载，运送手抄本的船队遭到了法兰西海盗的掠夺。几经易手之后，该手抄本于1659年被捐赠给牛津大学博德利图书馆，但其真正的重要性直到很久以后才为世人所知。

《门多萨手抄本》中包含一些用纳瓦特尔语和西班牙语注释的象形图，这些图画提供了有关阿兹特克文明历史的大量细节。该手抄本共分为三个部分：一是阿兹特克统治者们的生平和特诺奇提特兰城的建立；二是帝国的四百个城镇和三十九个省份每年缴纳的贡品清单；三是描述阿兹特克人日常生活的杂项图画集。手抄本和其他考古资料向我们显示，随着阿兹特克人与周围的部落结成政治联盟、进行战争并达成贸易协议，特诺奇提特兰城不断扩张和发展，慢慢在整个地

阿兹特克人成功的一个原因是他们能够适应和应对危机。

区占据了统治地位。但这种扩张之旅并不总是一帆风顺的。

阿兹特克人的一项明智之举在于,他们同意为具有竞争关系的对手城市阿斯卡波察尔科城〔Azcapotzalco,与阿兹特克人有共同祖先的特帕内克人(Tepanec)的首都〕提供帮助,而不是直接向其发起进攻。通过相互援助,两座城市的实力和财富都得到了增长,阿兹特克人也因此保障了国王阿卡马皮赫特利(Acamapichtli)统治的正当性及其后代对王位的继承权。阿卡马皮赫特利与当时更为强大的特帕内克王朝关系密切。特帕内克人本来有自己的国王,但到了15世纪初,阿兹特克人和特帕内克人之间爆发了一场王位继承之战,不久之后,这场战争就演变成了当

▼ 一幅意大利旅行家伽马利·卡雷里(Gemelli Careri)绘制的地图,上面描绘了阿兹特克人从阿兹特兰迁移到查普尔特佩克(Chapultepec)的过程

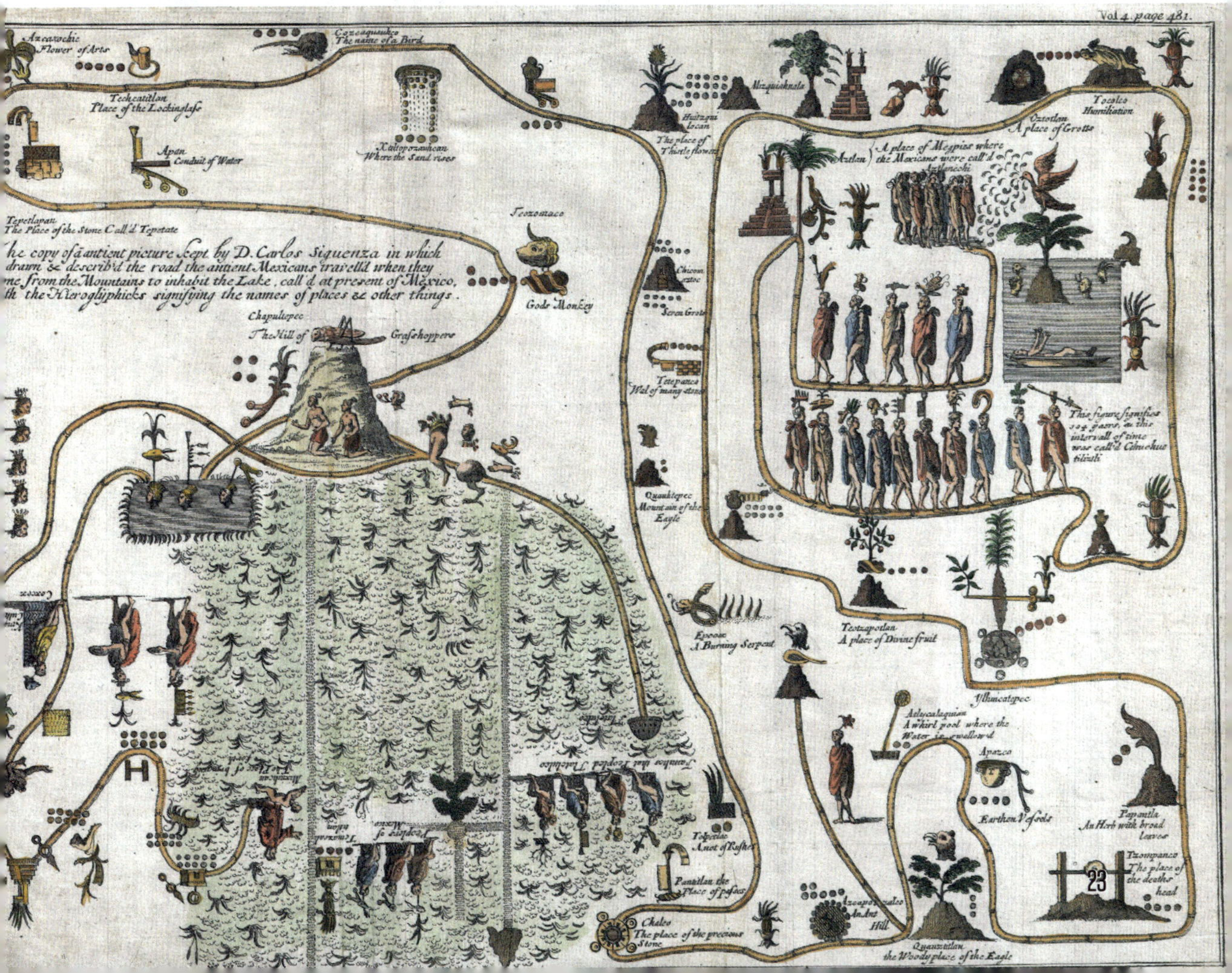

这张地图显示了16世纪早期阿兹特克首都在特克斯科科湖的范围

地城邦之间的全面战争。那些幸存下来的——特诺奇提特兰、特拉科潘和特斯科科,建立了一个持续了近100年的"三国联盟"。但事实上,它并不是一个联盟,而是将各个小城市和小部落整合成一个由特诺奇提特兰主导的帝国。哈佛大学神学院拉丁美洲

▲"三国联盟"中的三个城邦的国徽或符号

研究教授戴维·卡拉斯科(Davíd Carrasco)将其描述为一个"军事联盟",它使"通过征服和以条约或战争的方式对被征服群落实施的贡赋控制来实现霸权扩张"成为可能。正因为如此,一些历史学家建议,最好将阿兹特克人视为一个广义术语,它所指的是一个总括性群体,其中有许多不同的部落和群体,每个部落和群体都有自己的一套价值观念和特权。

前纽约州立大学人类学和历史学教授佩德罗·卡拉斯科(Pedro Carrasco)更多地将该联盟描述为一种三方结构,在这种结构中,新加入帝国的城镇和城市会被分配到三个主要城邦中的一个,通常是地理位置离它们最近的那个。他还认为,"帝国对不同宗教的控制程度差异很大;一些城镇的情况并不明朗……"

特诺奇提特兰城是这三座城邦中最重要的,它拥有所有能让我们联想到当代繁荣的欧洲首都的建筑类型:皇家宫殿、寺庙和住宅。其他城市和地方为特诺奇提特兰城提供了食物等资源,因

▲ 特拉科查尔卡特尔(tlacochcalcatl)或元帅,是阿兹特克军队中的一个高级职位,在职者常常成为统治者的继承人

此特诺奇提特兰城在城市范围内对耕地的需求较少。同时，这里实际上也是政府或统治阶级的所在地，统治阶级无需在军队服役、缴纳贡品或者担任宗教角色。

《门多萨手抄本》还显示，在蒙特祖马一世统治期间（1440—1469），发生了许多社会变革。手抄本中对蒙特祖马一世的描述如下："非常严肃、严厉，品行端正……有良好的脾气秉性和判断能力，一生与邪恶势力为敌……"他成功征服了33块新的土地，并见证了阿兹特克人对阶级制度的态度转变。下层阶级马塞华廷（macehualtin，即平民）被要求为上层阶级皮尔利（pipiltin，即贵族）服务，只有这样他们才能获得工作机会或者实现阶级晋升。除此之外，阿兹特克人中还有一个阶级——特拉特拉科汀（tlatlacotin），即奴隶。这些人因犯罪或拒绝还债而被贬为奴。如果特拉特拉科汀能按时还债，他

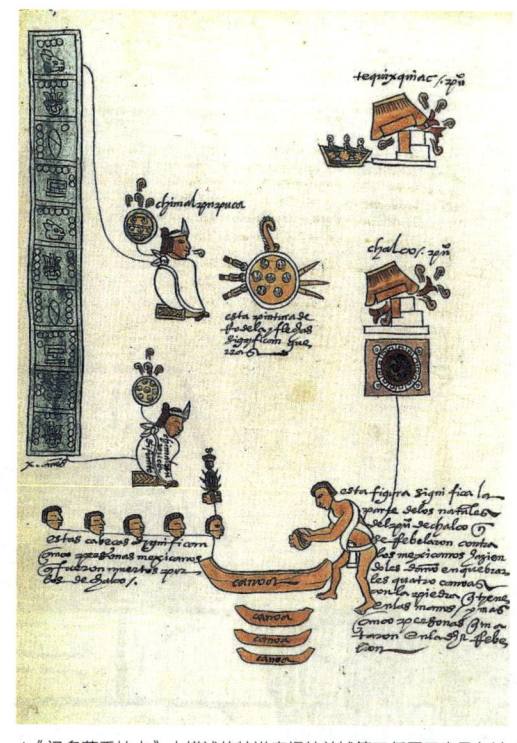

▲《门多萨手抄本》中描述的特诺奇提特兰城第三任国王奇马尔波波卡（Chimalpopoca）的征服场景

特诺奇——是真人还是神话？
特诺奇提特兰城是以哪位神秘人物的名字而命名的？

我们并不完全清楚这个能令伟大湖城以其名字而命名的人是否真实存在。特诺奇有可能是一个回溯性的虚构人物，专门用来支撑阿兹特克帝国神话的建立，或者，他也可能是一个因政治目的而被美化了的真实存在的人。

不管真相到底如何，据说特诺奇是一位高级牧师，但他从未成为一位特拉托阿尼（tlatoani，统治者/国王，或意为"发言人"）。他是由长老会议任命的，在《门多萨手抄本》的首页上，他与其他领导人并列。他的石雕符号是一块岩石和一个多刺的仙人掌——参照阿兹特克人到达特斯科科湖时所看到的那个传说中的符号。在其相关信息中尤其值得注意的是，他的统治持续了近一个阿兹特克世纪——52年。特诺奇提特兰城据说建于1325年，而特诺奇死于1370年至1375年之间，所以这座城市很有可能是为了纪念他而重新命名的。

▲《门多萨手抄本》中所描述的特诺奇

们就能恢复为下层阶级，而那些没有按时还债的人将会被送上祭坛。

也许阿兹特克人的成功不仅仅是因为他们精明的政治、经济扩张战略，还得力于他们适应和应对危机的超强能力。特别是15世纪，他们遭遇了许多巨大的问题和挑战。1446年，一场蝗灾摧毁了整个山谷里的庄稼。1449年，特诺奇提特兰城遭遇了毁灭性的洪水，蒙特祖马一世向邻邦特斯科科寻求帮助，并下令建造一座巨大的堤坝，以防将会到来的洪水。但在1450年，灾难第三次降临，饥荒袭击了这座城市。由于阿兹特克人储备充足，4年间，饥荒带来的影响一直

▲ 一幅19世纪的雕刻作品，展示了部分蒙特祖马二世在特诺奇提特兰城的大宫殿

在人们可以忍受的范围之内，但到了1454年，饥荒还是成了一个大问题。饥荒也许能为蒙特祖马一世统治期间发生的一些社会变革做出解释，阶级的出现也许就是因为那些无法养活自己的人把自己卖给了那些有能力养活自己的人。1455年，当每52年才举行一次的新火仪式即将举行时，饥荒终于结束了。尽管经历了这些挫折，阿兹特克人还是启用了比以往任何时候都更为灵活的新历法周期，并且准备以他们在阿兹特兰及作为雇佣兵生活的那些日子里学到的一切为基础，进一步征服墨西哥山谷。

生活与社会

人们似乎很容易忽略，阿兹特克人和我们一样是真实的人，有生活，有家庭，有爱好

- 32　阿兹特克艺术展
- 43　宗教信仰
- 53　阿兹特克式家庭
- 62　如何玩好特拉赫特利游戏
- 66　与阿兹特克人同食
- 80　在特诺奇提特兰城的生活
- 96　金字塔政治

阿兹特克艺术展

马赛克蛇形胸饰

与基督教形成鲜明对比,在阿兹特克文化中,蛇被广泛视为一种带有积极色彩的正面动物,它象征着水和肥沃,并且因它能蜕皮,它还象征着再生和转化。这件作品是一个17英寸(约43厘米)长的胸饰,由空心木头制成,表面镶嵌有呈马赛克式分布的绿松石。它可能是蒙特祖马二世送给埃尔南·科尔特斯的宝物中的一件,据说蒙特祖马二世认为科尔特斯是归来的羽蛇之神。绿松石是阿兹特克人最珍贵的石头品种之一,它的颜色代表水的蓝色,也代表雨神特拉洛克(Tlaloc)和水神查尔丘特里魁。它还与天空及太阳神托纳提乌和维齐洛波奇特利有关。马赛克式绿松石镶嵌艺术是中美洲的特色,米斯特克人在推动此项艺术发展的进程中发挥了突出作用。阿兹特克人使用的绿松石可能是瓦哈卡(Oaxaca)地区被征服的民族作为贡品进献给他们的,或者是从南方进口的。

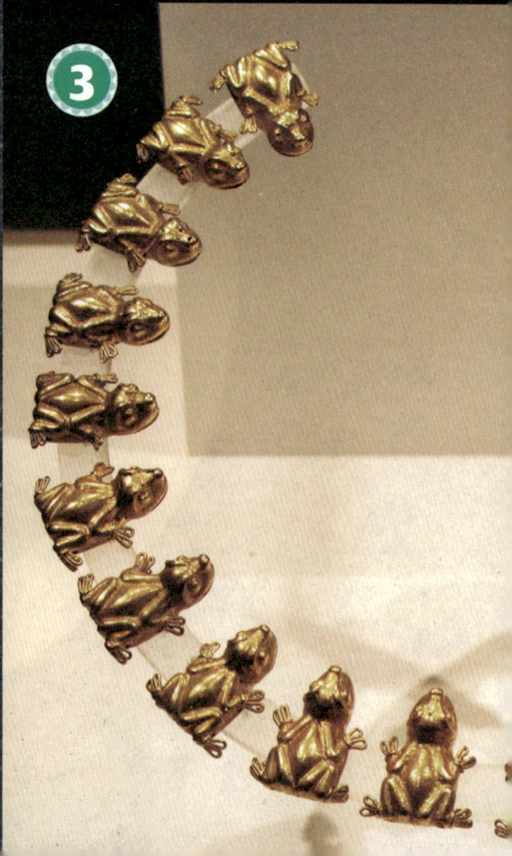

① 黄金挂饰

这枚黄金挂饰的年代可以追溯至1200—1521年，毫无疑问，它一定属于一位高级官员，因为其下摆的四个金属铃铛是阿兹特克贵族喜爱的物品。黄金对于阿兹特克人来说是一种相对较新的材质，本地人认为它不如绿宝石或凤尾绿咬鹃的羽毛重要，然而征服者往往对它垂涎三尺。

② 嘶鸣的蛇

像这样的唇环会被穿在下巴上。它们象征着政治权力和军事成就，只会被授予社会的最高层成员。这条蛇的设计是为了在人们凝视它时，激发出人内心的恐惧和敬畏。它的舌头实际上是可以移动的，可以根据佩戴者的需要伸缩。

③ 黄金项链

青蛙在阿兹特克艺术中出现的频率不像美洲虎、蛇或狗那样高，但一旦它与乌龟一起出现，便会引发人们对水、雨及其提供的养料的联想。同时，由于青蛙产卵数量较多，并且产卵时采用类似于妇女分娩时的蹲姿，因此它还象征着生育能力。这条项链被认为起源于米斯特克民族。

④ 黄金神像

米斯特克金匠制作了许多轻巧、精致、复杂的装饰品，其中带有很强的具象成分。这件作品是一件胸饰，采用了太阳的象征元素。事实上，太阳圆盘是阿兹特克艺术中最重要的标志之一，它表达了理性的时间秩序。

马利纳特佩克（Malinaltepec）的面具

这个华丽的面具实际上源自特奥蒂瓦坎（Teotihuacán），于1921年在墨西哥西南部马里纳特佩克的一个古墓中被人发现。人们认为它的年代可以追溯至450年左右。其面部的大部分被绿松石所覆盖，眼睛用贝壳镶嵌而成，瞳孔则由黑曜石构成。几何形状的鼻环和横跨脸部的眉毛由红色软体动物的贝壳制成，这种贝壳也被用来制作额头中央的图符，该图符可能意味着"流动的水"。另外，学者们认为这个图符可能一度确认了面具所代表的人或神的身份。特奥蒂瓦坎市出土了许多用蛇纹石和绿宝石等宝石雕刻的面具。在这个遗址中，人们发现了一些附在圣物包裹上的面具，人们认为它们代表了神体的面孔。这件作品还带有一条由55颗珍珠构成的项链及一个小吊坠。

修堤库特里（Xiuhtecuhtli）的面具

　　这个面具是现存阿兹特克绿松石马赛克艺术作品中最好的范例之一，人们往往认为它与火神修堤库特里有关，但它的确切出处仍然未知。它由雪松木和绿松石呈马赛克式镶嵌而成，上面散布着凸圆形绿松石。面具的眼睛由珍珠母制作而成，牙齿则由海螺壳制作而成。它长17厘米、宽15厘米，年代在1350年至1521年。

　　这样的面具似乎有多种功能，有些被戴在神像上，有些则被冒充神灵的人戴着。在丧葬仪式上，它们被戴在已故统治者的脸上，而当统治者生病时，有证据表明，面具会被戴在神像上。这件作品被列为米斯特克-阿兹特克作品，它似乎更符合阿兹特克人对简单图腾的偏好。

38

❶ 奇科梅科瓦特尔（Chicomecóatl）神像罐

这只神像罐是普埃布拉州乔鲁拉市陶器的一个范例，上面刻画了两个与丰饶密切相关的神——农业女神奇科梅科瓦特尔和雨神特拉洛克。这个陶罐的正反两面各有一个神像。这张照片所拍摄到的便是奇科梅科瓦特尔神像。她的名字译为"七条蛇"，是主要的粮食女神，是统治玉米的玉米女神。她是墨西哥山谷中最古老和最重要的女神之一。在她的名字中，数字"7"与幸运和生殖力有关，蛇也被广泛视为再生的象征。

❷ 跪着的女人

阿兹特克雕塑家通常采用三种姿势来描绘人物：站姿、坐姿，或者像这件作品一样的跪姿。女性通常以跪姿示人，双手放在膝盖上。阿兹特克女性以谦虚和勤劳著称，磨玉米或编织等典型的女性活动均以跪姿进行。雕像的眼睛和嘴巴呈凹陷的椭圆形，曾经嵌有其他物体。在某些神圣的日子里，这座雕像可能会被打扮成神灵。

❸ 特斯卡特利波卡（Tezcatlipoca）香勺

此类香勺是阿兹特克仪式的一个重要组成部分，它被用来敬奉阿兹特克晚期神殿的最高神灵——特斯卡特利波卡。他是一个变身大师，一个诡术士，与烟雾和阴影紧密相连。这把勺子的手柄上有他的一个标志——烟雾镜，勺子的把手则呈现出他的另一个象征"火鸡爪"的形状。

大型绿咬鹃羽毛头饰

这是阿兹特克世界中幸存下来的最令人印象深刻的羽毛制品。它高45英寸（约114厘米），由绿色的绿咬鹃羽毛、蓝色的伞鸟羽毛和黄金的圆片组合而成。它被人们称为"蒙特祖马的王冠"，尽管人们并不能够确定它的所属。事实上，《门多萨手抄本》显示一位阿兹特克统治者戴的是头冠而非头饰，并且有证据表明，像这样华丽的羽毛头饰更常与宗教仪式联系在一起。多明我会修士迭戈·杜兰在其著作中描绘了祭司王奎扎科特尔（Quetzalcoatl, 羽蛇神）的头饰，与这件作品非常相似。这件作品的年代可以追溯至1350—1521年，它曾被收藏在奥地利的安布拉斯城堡，不过在1566年的一次清点中，人们遗失了它的来源，于是它被列为一顶"摩尔人的帽子"。这个头饰最初有更多的羽毛，数量多达500根，来自至少250种不同鸟类。如今它的许多羽毛已被移除，并且正如一幅16世纪的微型画中所描述的那样，这些羽毛被戴在了巴伐利亚大公和他的马匹身上。

宗教信仰

伴随着众神、人祭和一系列丰富多彩的节日，宗教渗透到阿兹特克人生活的方方面面

作者：弗朗西斯·怀特

◀ 阿兹特克太阳石，大约雕刻于1500年。这块手工雕刻的巨石描绘了阿兹特克历法和宇宙学的一些重要内容

如果不了解支撑所有这些事情的宗教信仰，就几乎不可能理解阿兹特克人生活、社会和文化的任何方面。宗教定义了阿兹特克人的生活，任何决定都要考虑其宗教意义。每个事件，无论大小，都要通过查阅宗教日历来组织。在祭司或宗教人士决定哪个名字最适合婴儿的人生命运之前，阿兹特克人的父母甚至不能给自己的孩子起名字。宗教不仅仅是阿兹特克社会的一部分，它就是阿兹特克社会。从最高级的国王到最低级的奴隶，宗教是每个人生活背后的驱动力和决定性因素。

阿兹特克人认为，世界分为三个部分：人类居住的世界、被称为米克特兰的地下世界和人类无法进入的天空上层。人们认为，存在的意义在于不断地跨越人类世界和地下世界，进行无休止的出生、生活、死亡和重生的循环。天空上层和地下世界被认为是多层的：天空上层有十三层（最高的神灵居住在最顶层），地下世界有九层。像山脉和洞穴这样的地方是连接人类和天界的重要桥梁，与特定的神灵有关。因此，这些地方对阿兹特克人具有重要的象征意义。

生活的每一部分都与不同的神灵有关，为了获得成功，阿兹特克人认为他们必须以献祭的形式向这些神灵"支付代价"。这种献祭可以采用

新火仪式

阻止世界末日到来的仪式

新火仪式或捆年节（xiuhmolpilli）是最有趣且最重要的阿兹特克传统之一。这个仪式每52年才举行一次，52年是阿兹特克日历中完整的一个周期，阿兹特克人相信这个仪式可以防止世界末日的到来。人们认为，从一个日历周期到下一个日历周期的转变会产生不稳定性，而与星星有关的女神——兹兹米特尔（Tzitzimitl）会降临到地球上并将其吞噬。

准备工作会在仪式前5天开始，人们会远离工作、禁食、进行有仪式感的清洁和放血，并度过静默观察期。

所有正常的活动都将停止，每个公民都参与其中。平民会销毁他们的家用器具，所有的火都会被扑灭。在惠萨特兰（Huixachtlan）山顶上，当被称为"火钻"（fire drill）的星座（如今我们称其为"猎户座的腰带"）从地平线上升起时，一个阿兹特克人将会被献祭并被取走心脏。他的胸膛会燃起一团新的火，祭司们会用这团火点燃火把。晚上，在这一场献祭之后，所有的灯将再次点燃。新的寺庙和房屋燃起了火，世界开始焕然一新，人们买了新衣服，更换了工具和器具。然后，日历将重新开始，世界将在接下来的52年里免于毁灭。

▲ 资料显示，该仪式一共在山上举行过四次，分别是1351年、1403年、1455年和1507年

阿兹特克人认为被选为献祭人是一种巨大的荣誉

简单的礼物形式，如鲜花或食物，但为了达到最大的效果，神灵需要用血来祭拜。阿兹特克人认为，神以血为食，因此最佳的献祭（和最大的回报）将出自人类的血液。被献祭给神灵的不仅仅是俘虏或平民，而是来自社会各阶层的人——无论贫富，无论老幼，无论男女。

阿兹特克人的创世神话中说，众神曾五次试图创造世界，但由于各神之间的内讧，这些尝试均以失败告终。第一位创世者特斯卡特利波卡被废黜了，于是他变成了一只美洲豹并摧毁世界以示报复。接下来的四次尝试则都有类似的故事，世界每次都因自然灾害而被摧毁。每一次尝试，每一次重生，不同的创世神都会交替着成为太阳。由于厌倦了反复失败，众神决定，必须有一个人牺牲自己来成为新的太阳。众神请茨库茨卡特尔（Tecucitzécatl，一个强壮有力的神）来承担这一荣誉使命，但他未能完成这一任务。纳纳瓦津（Nanahuatzin，一个虚弱、多病的神）代替茨库茨卡特尔牺牲了自己。然而，虽然纳纳瓦津成为太阳，但因太过虚弱、无法移动而卡在了天空之中，于是其他神明意识到，他们也必须做出牺牲来解决这个问题。最终，通过众神以血液喂养，新太阳开始在天空中移动。

在这个故事中，献祭的意图和重要性显而易见。世界的创造只有通过献祭才能实现，并且阿兹特克人相信，只有人类也流下自己的血并将其献祭给神灵，世界才能得以维持。只要人类继续偿还他们对神灵的债务，太阳就会继续移动并存在。随着时间的推移，阿兹特克神学中出现了几种变体和一些不同的创世故事，但它们中都包含

> 特诺奇提特兰城中的大神庙装饰着过去献祭者的头骨，这些头骨排列在被称为"骷髅墙"（tzompantli）的架子上。

了类似为更大的利益而献祭的观念，以及欠下神灵债务和人类血液中蕴含力量的观念。

阿兹特克人相信，一个简单的错误就会导致爆炸性的自然灾害。不仅微弱的太阳会停止移动，就连天空也在不断地进行着光明与黑暗的斗争，总有一天这场斗争会以光明的失败而告终。阿兹特克人的生活围绕着防止这一天的到来而展开，他们认为通过放血或真正的活人献祭来支付血债将有助于与黑暗势力斗争。那些被献祭的人将飞上天空与黑暗力量战斗，这也是阿兹特克人成为战斗民族的原因之一，因为他们有时进行战争只是为了抓取更多的俘虏来献给这场与黑暗力量的持久战役。

祭司在阿兹特克社会中扮演着至关重要的角色，因为他们负责确保向诸神提供正确的祭品及确定正确的祭祀时间。他们还负责举行各种各样的仪式，以使神灵满意。由于权力较大、受尊重程度较高，祭司们也经常担任其他有影响力的职务，如政府工作人员或者教师。在社会上，祭司们被视为贵族。

但是，祭司的工作也是艰难的，要成为一名牧师需要接受大量的训练。他们职责众多，包括解读日历、记录一天中的每个时刻及日食出现的时间、给星座命名、分析星座运程、追踪恒星的移动轨迹、用符号和象形文字记录重大事件、与战士们并肩作战、听取忏悔及将男孩训练成神职人员等。祭司也是一份有风险的工作——他们的职责还包括每晚带着年轻的受训者徒步猎杀危险的生物。

一些阿兹特克女性也会通过成为女祭司来为神灵服务。她们和男祭司一样努力工作，举行仪

式、唱歌、念咒语和占卜。有些女祭司还会配制药水，用草药治疗病人。她们负责保持寺庙的清洁和火把的持续燃烧。女祭司还在社会中扮演着媒人的重要角色，负责为新婚夫妇证婚。

宗教仪式在阿兹特克社会中起着非常重要的作用，它使人们的生活充满了精神意义。阿兹特克社会中有大量的仪式，每个月都至少包含一个重大节日。这些仪式是为了向神明致敬，通常与农时一致。一种常见的向神明致敬的方式是，选中一个人，让他装扮成神并以这种装扮度过整个仪式。这个人将会被当作神来对待。这些仪式虽然有诸如祈求生育、庆祝丰收，为登山、贸易或狩猎而祈福等许多不同的目的，但常常包含相似的活动，如禁食、参加宴会、穿着盛装伴着音乐跳舞，等等。

当然，许多仪式的高潮往往都是某种形式的人祭。由于仪式意义重大且事关个人声誉，大多数阿兹特克人都会心甘情愿地以生命向神明献祭。然而，也有些仪式根本不涉及活人祭祀，只要求祭司以血为祭，或以鸟类和其他生物作为祭品即可。

特拉卡希佩瓦利斯特利（Tlacaxipehualiztli）是备受欢迎的节日之一，是一个纪念西佩托堤克神（Xipe Totec）的典礼。这个典礼要求以被俘的战士作为向神灵献祭的祭品。这些战士中会有一人在死后被剥掉皮肤，之后他的皮肤将被染成黄色，最终的成品被人们称为"金衣"。其他被献祭的战士则会被绑在支架上，人们会用箭射向他们，让他们的血滴落到地上，以象征肥沃的春雨。祭司在节日期间的20天中都会穿着剥落的人皮，节日里还会组织角斗士战斗，并举行各种军事仪式。这个典礼的目的是祈求降雨、攘除旱灾。

传统节日"内蒙特米"（nemontemi）会在每360天结束时出现，这是为了与一个太阳年的365天相均等而出现的不祥的5天，阿兹特克人认为这是一个令人难以置信的厄运时期。"内蒙特米"可以翻译为"无用"或"浪费"的日子，阿兹特克人试图通过什么都不做来避免不幸。人们放下所有的工具，将自己锁在房子里，几乎不吃任何东西，耐心地等待这段时间过去。这是非常严肃的，所有其余的宗教仪式都会停止，商店也会关闭，因为任何活动都会导致可怕的后果。

▲"花王子"休奇皮里（Xochipilli）是音乐、游戏和宴会的守护神

另一个涉及献祭的典礼是托斯卡特尔（Toxcatl）。这个节日会持续17天，以盛宴和舞蹈为主要内容，但最终会以祭祀特斯卡特利波卡神而告终。特斯卡特利波卡神将由一名年轻男子扮演，这个年轻人自上一个节日以来一直在模仿这位神明的一举一动。另一个新的特斯卡特利波卡神的扮演者将在每个托斯卡特尔节日结束时被选中；被选中担任这一角色的年轻人通常都是战俘，他们将接受宫廷演讲、唱歌和弹琵琶的训练。在他扮演神的那一年里，他会被带到街上游行，受到众人尊敬。他还将在仪式上与四位扮演女神的年轻女子结婚。

正如宗教是阿兹特克人生活的中心一样，庙宇也是阿兹特克城市的中心。除庙宇之外，还有一些山间庙宇或"神屋"被修建在圣峰的侧面或顶部。虽然阿兹特克人有时会在整个城市区域进行宗教活动，但寺庙始终是阿兹特克人生活的心脏。祭司们会在这些寺庙祭拜神灵，祈求神的祝福并供奉祭品。这些神庙往往采用阶梯式金字塔的构造，有台阶通向一个平坦的顶端，顶端处通常有一个供奉着特定神灵的神殿。

阿兹特克人相信，你的来世不是由你如何生

▲ 几乎阿兹特克宗教的每一个方面都以某种形式围绕着太阳运转

活决定的，而是由你如何死去决定的。例如，那些在战斗中牺牲或者在仪式上献祭的人，他们的灵魂将获得在每个黎明升起太阳的最高荣誉。在他们的灵魂履行这一职责达到4年之后，他们就会转世为蜂鸟或者蝴蝶。阿兹特克人认为，在贸易探险中被敌人杀死的商人，也被赋予了同样的命运。

在晚上取下太阳的重要角色被赋予给因分娩而亡的女性。通过这种方式，这些女性得到了与在战斗中牺牲的士兵同样的尊重。不幸早夭的儿童会去一个叫作霍奇特拉潘（Xochitlalpan）的天堂，在那里他们会躺在一棵"乳树"下，树上分泌的乳汁可以径直滴进他们的嘴里。

那些不幸因被雷电击中或溺水而亡的人（这种情况相对常见）被判处为雨神和风暴之神——特拉洛克服务。他们的灵魂被送到特拉洛坎（Tlalocan），那是一个充满开花植物的天堂。这种命运也被赋予那些死于与神相关的疾病的人，以及那些身体畸形的人。

正常死亡的人注定要经历4年的旅程，才能到达地下世界的最深处，成为米特兰特库赫特利神（Mictlanteuuhtli）的仆人，这位神灵和他的妻子——女神米特卡西瓦特尔（Mictecacíhuatl）一起统治着死亡之地。这段旅程非常艰辛，充满了危险，但阿兹特克人并未将其视为一种惩罚。死者必须穿过相互碰撞的山脉、风吹刀割的田野，甚至一条满是鲜血和美洲虎的河流。人们会将这些正常死亡的人的尸体与一些物品一起埋葬或火化，这些物品被认为有助于他们完成这段旅程，例如食物、饮料、衣服、工具，甚至还有献给冥界之主的礼物。

▲ 特诺奇提特兰双庙的模型

特拉洛克
雨神

特拉洛克是一位非常重要的神,他不仅能够带来降雨,还能够带来营养物质和水分。人们因为他具有招引雷电的能力而惧怕他。

阿兹特克万神殿

阿兹特克人崇拜许多不同的神灵,每位神灵分别负责不同的领域

阿兹特克人有一个庞大的万神殿,其中有许多神灵是从不同的文化中吸收并发展而来的。总的来说,许多阿兹特克神灵与文化、自然、创造、丰收、粮食、生育、贸易和死亡有关。

维齐洛波奇特利
太阳神

维齐洛波奇特利是阿兹特克人的守护神,也是阿兹特克人以战争和人祭的传统来供奉的神。

西佩托堤克
生育之神、春神和金匠之神

这位神灵被称为"我们的剥皮领主"和"夜间饮酒者",他会剥下自己的皮肤为人类提供食物。另外,阿兹特克人认为是他发明了战争。

奎扎科特尔
生命之神、风神和学习之神

奎扎科特尔也被称为"羽蛇神"，也是阿兹特克祭司的守护神，人们认为他以晨星（金星）的形式存在。

特斯卡特利波卡
命运之神

特斯卡特利波卡是一个复杂且难以捉摸的二元形象，甚至被人称为"双方的敌人"，他的名字直译为"冒烟的镜子"。

特拉佐尔特奥特尔
污秽、罪恶和净化女神

尽管特拉佐尔特奥特尔是邪恶之神，但她也同时扮演着倾听忏悔、洗涤罪恶的重要角色。

科特利奎
众神、凡人、太阳、月亮和星星之母

"蛇裙"科特利奎的多面角色反映在她的嵌合形象之中。她是分娩的守护神，也是大地的象征。

市场是阿兹特克社区的中心

阿兹特克式家庭

在战争和献祭之间,普通的阿兹特克人在一个优先考虑家庭、教育和纪律的社区中茁壮成长

作者:弗朗西斯·怀特

当人们想到阿兹特克人，通常首先想到的是充满黄金的城市、高效的战斗民族甚至涉及活人祭祀的宗教仪式。然而，阿兹特克人的另一个特点是他们高度关注自身所处的社会。宗教之所以在阿兹特克民族中盛行，是因为它有助于将社区团结在一起，阿兹特克人日常生活的方方面面都以社区的利益为中心。阿兹特克人对所有的孩子都实行强制性教育，这一点在那个时代极不寻常，但这也意味着他们能够为一系列职业和角色提供专业的、有成就的人才。另外，阿兹特克社会是一个遵纪守法的社会，阿兹特克人日常生活的各个方面都受到规章制度的支配，所有人都必须遵守这些规章制度，贵族也不例外。尽管阿兹特克人生活在距今500年前，但他们的日常生活和以家庭为单位的生存模式与当今许多社会非常相似。

和那个时代的许多文明一样，阿兹特克人有着严格的阶级制度，人们所处的社会阶级几乎决定了他们生活的方方面面：贵族阶级通常会在军队、政府或神职队伍中任职，市议会也由他们组成，有时国王本人就出自皮尔利（贵族）阶层。某些阿兹特克商人组成了自己的阶级——波切特卡（pochteca）。虽然不是贵族出身，但由于他们长途跋涉以获得贵族钟爱的奢侈品的重要工作性质，他们也被视为贵族。普通的阿兹特克人属于下层阶级，即平民，这群人的职业是农民和工匠。处于社会最底层的是奴隶阶级。奴隶并非生来就是奴隶，奴隶的孩子也不会被视为奴隶。相反，人们沦为奴隶，要么是因为违法而受到惩罚，要么是因债务而卖身为奴。奴隶有权利赎回自由，也有权利保护自己免受虐待。人们有一些向阶级金字塔上层跃升的机会，最常见的方式是参加军事行动、投身贸易行业和成为神职人员。

家庭单位是阿兹特克社会非常重要的焦点，正因为如此，阿兹特克人认为婚姻是非常神圣的。上流社会的婚姻由媒人包办，新婚夫妇在这件事上没有发言权。对比之下，下层阶级则有了一个不同寻常的优势，那就是他们的婚姻由父母包办，但他们拥有拒绝的权利。一个女人只能有一个丈夫，然而她的丈夫却可以有几个妻子。但是，通常一家只有一个妻子负责家务，比如做饭和织布。事实上，女性在如何管理家庭和如何抚养孩子方面有很大的权力。高贵的妻子甚至可以在丈夫外出打仗时经营丈夫的生意。妻子也可以与丈夫离婚，这对夫妻的所有财产将在他们之间进行划分。

> 阿兹特克男子通常在20岁至22岁时结婚，阿兹特克女子在15岁至18岁时结婚。

通常情况下，多个家庭单位会共同生活，合并为一个家庭，例如两个兄弟和他们各自的家庭。所有的家庭成员，包括孩子在内，都要帮助家庭维持生计，同时为创造贸易商品而劳作。棉花是一种极为重要的作物，家庭生产的棉纺织品非常常见。棉花在某种程度上是阿兹特克社会的融合剂，从最底层的妇女到最受尊敬的贵族都会纺纱和织布。棉花甚至可以作为一种货币形式在市场上进行交易。在阿兹特克社会的各个阶层，家庭中的老人都受到高度的尊重和照顾。

阿兹特克人的房屋因其主人的社会地位而有所不同。贵族的房子由石头或晒干的砖砌成，外涂一层白色涂料，在阳光下闪闪发光。房内有独立的浴室，在浴室中，贵族们会将水倒在热石头

犯罪与惩罚

由于没有监狱系统，惩罚来得迅速且严厉

法律支配着阿兹特克人生活的方方面面，令人惊讶的是，在一个敬畏神的社会里，这些法律法规的制定往往基于实用性而非宗教。每个城市的罪责和惩罚都不一样，尽管这些城市有共同的国王，但他们实际上都处于自治状态。

很难估计阿兹特克帝国到底发生了多少起犯罪事件，因为帝国的犯罪处理系统是如此迅速且有效。阿兹特克帝国没有监狱，所以他们的判决和处罚系统必须迅速有序。一些最严重的罪行包括谋杀、偷窃庄稼或在公共场合醉酒（节日除外，70岁以上的人可以尽情醉酒）。

普通犯罪将在地方法院处理，由高级战士主持。更复杂、更严重的罪行则会在特诺奇提特兰城的特卡尔科（teccalco）法院受审，由更有经验的法官做出判决。涉及贵族的最复杂的案件将在国王宫殿内的高等法院审理，有时由国王担任法官。如果公民对判决结果有异议或不服，他们可以向更高一级的法院提起上诉，这与今天的司法系统非常相似。

由于没有任何监狱可以关押罪犯，也不存在任何酷刑，所以犯罪者往往会被判处死刑。死刑存在多种形式，例如当场被石头砸死，被带到祭坛上杀死，或者被勒死。事实上，贵族经常受到比平民更为严厉的惩罚，因为阿兹特克人期望贵族能够以身作则。如果是初犯，或者罪行较轻，受到的惩罚也会相对较轻，如被剃成光头或被拆毁房屋。对于涉及金钱或偷窃的犯罪，罪犯会被要求归还物品，或在打架后支付医疗费用。如果一个人欠下债务又无力偿还，通常情况下，他只好卖身为奴。然而，即使是轻微的偷窃罪也可能被判处死刑。

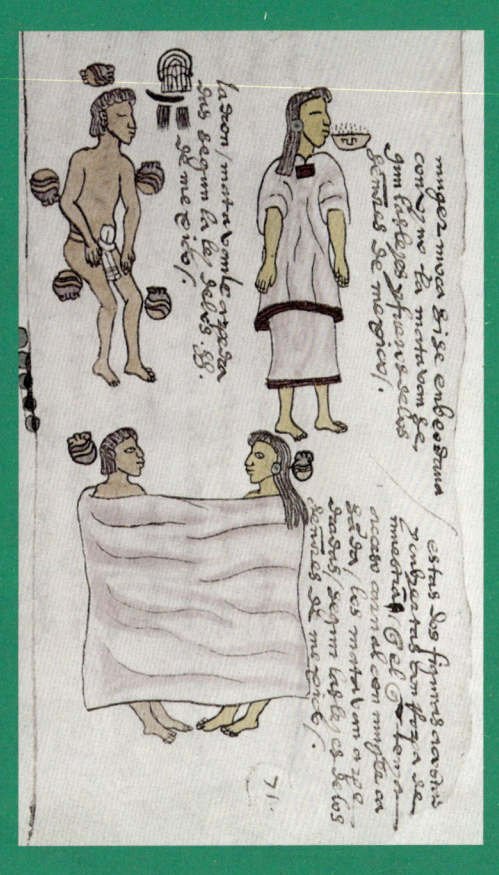

上产生蒸汽，制造类似桑拿的效果。贵族们的房子可能有两层楼高，并建在水池附近，以确保清洁淡水的持续供应。

普通人会住在用棕榈叶覆盖的小木屋里。这些小木屋由一到两个房间组成，也会有一个种植农作物的花园。木屋中有用席子在地板上铺就的睡觉的地方，也有做饭、吃饭的地方，当然还有供奉神灵的神龛。

服装是阿兹特克社会的重要组成部分，通过服饰，我们一眼就能看出一个人的社会地位。虽

▲ 音乐、歌曲和诗歌也是流行的消遣内容，尤其是在节日里

然各阶层的服装本身相似性很高，所有级别的男性都穿腰带和戴斗篷，女性都身穿长裙和衬衫，但各阶层服装的质量和颜色有所区别。一般来说，平民的衣服由更粗的纤维织成，而贵族的衣服由棉布制成并带有耳轴（earspool）和吊坠等装饰品。富人会穿带有彩色刺绣的衣服，最值得注意的是，他们的衣服会有羽毛作为装饰。他们还手持着用羽毛制成的扇子。羽毛是一个重要的地位象征，只有贵族才允许佩戴羽毛。如果平民违反这一法律，胆敢佩戴羽毛，将会被处以死

刑。当西班牙征服者为阿兹特克人的黄金而痴狂时，对阿兹特克人来说，羽毛才是终极奢侈品。

孩子在阿兹特克社会中深受喜爱，人们将其视为"来自神的礼物"。在一个健康的孩子出生后，庆祝活动持续数天的现象屡见不鲜。婴儿与神的联系贯穿在整个母乳喂养期，在此期间他们不能受到惩罚或训斥。

然而，孩子们一旦开始长大，生活就变得不那么容易了。从4岁起，他们就要帮忙做家务，比如打扫卫生和打水。阿兹特克父母会严格管教

▲ 阿兹特克人的宴会场景

▲ 迭戈·里维拉（Diego Rivera）所作的一幅壁画上的细节，显示了阿兹特克妇女磨玉米及用面粉制作玉米饼的场景

阿兹特克人成长的另一个关键是教育。起初，孩子们通常在家里接受教育，一直到他们十几岁后，所有的孩子，无论社会阶层或性别，都要依法上学。然而，不同的阶层和性别的孩子会选择不同的学校和课程，女孩通常会学习宗教事务，如仪式歌曲和舞蹈，另外学习一些能使她们成为好户主的技能，如烹饪和制作衣服。与此同时，男孩会学习如何耕种，或者学习一门像陶艺这样的手艺。男孩们还将接受宗教和战斗训练。贵族家庭的儿子会接受其他领域的教育，为他们将来的职业生涯做准备，如写作、法律和工程。实际上，贵族学校对学生的要求一般更为严格。

虽然阿兹特克人在维持家庭和家族生计的辛勤劳作之外没有太多的空闲时间，但他们确实很喜欢玩游戏。帕托利（Patolli）是当时非常流行的一款游戏，玩法是通过掷骰子在十字形的棋盘上移动棋子。一种更有活力的消遣游戏是著名的阿兹特克球类运动乌拉玛利兹特利（ullamaliztli），玩法是球员们在球场上传递一个橡胶球。一项不太知名但在阿兹特克人中很受欢迎的运动是沃拉多（Volador）——这是它的西班牙名字。这个游戏被称为"飞鸟游戏"，玩家们会穿上使他们看起来像鸟一样的服装，爬上一根90英尺（约27米）高的杆子，在杆子顶端系上一根绳子，然后推开绳子，倒挂身体，绕着杆子转13圈。人们认为13代表每个季节所包含的周数，玩家"飞鸟"的数量代表四个季节。比赛根据风格、速度和服装设计打分。飞得最好的"鸟"将获得最终的胜利。人们会聚集在一起观看运动员"飞过"头顶。今天，你仍然可以看到受过特殊训练的墨西哥杂技演员表演"飞鸟游戏"。

保持清洁以靠近神明

阿兹特克人保持身体和灵魂的清洁，以取悦神灵

阿兹特克人非常注重清洁，这也许会令很多人感到惊讶。保持洁净和清新是阿兹特克人日常生活中非常重要的一部分，这一点在他们的城市管理上也有所体现。阿兹特克城市中每天有1000人负责打扫街道。每个社区都修建了公厕，垃圾被掩埋或倾倒在城镇的边缘，人的排泄物被装在独木舟上运走，用作肥料。阿兹特克人的清洁意识远远高于同时期的欧洲人，在欧洲，人们还在将便壶倒在街上，洗澡也是一件罕见的事。

当西班牙征服者遇到阿兹特克人时，他们对阿兹特克人的个人卫生情况及他们一天要洗好几次澡的事实感到惊讶。阿兹特克人没有肥皂，但会用漆树的果实和绣花草的根来清洗他们的身体和衣服。当西班牙人还在用尿液清洁牙齿时，阿兹特克人已经会使用除臭剂、口气清新剂和牙膏了。阿兹特克人会在湖泊和水池里洗澡，也会在用外部火源加热后的屋子里洗澡。沐浴者会用树枝和草抽打自己来使自己出汗。阿兹特克人认为，洗澡可以净化身体和精神，对人体健康至关重要。

孩子，对孩子的惩罚可能会很严厉。阿兹特克人非常重视礼仪举止，孩子们被要求只在有人与之交谈时说话，吃饭要细嚼慢咽，不留任何剩饭，饭后要记得洗手。另外，孩子们也被严格要求不得抱怨，不得取笑老人或病人，不得插嘴。每一个孩子都肩负着成为社区榜样的期望。孩子们一旦懒惰或懈怠，就有可能被剃光头发。

▲ 阿兹特克人的城市依水而行,这一说法毫不夸张——阿兹特克城市确实靠运河来供应水源并运输货物

如何玩好特拉赫特利游戏

在过去的时间里，中美洲都在进行着一场残酷的球赛，这场比赛往往以输掉的球队被献祭给神灵而告终

中美洲，公元前 1200—1521 年

这种游戏被阿兹特克人称为特拉赫特利（Tlachtli），是世界上最古老的团体运动之一。它起源于奥尔梅克文明（兴盛于公元前 1200 年到公元前 400 年），之后传播至玛雅和阿兹特克文明。特拉赫特利比赛的对阵方由二到四人的团队组成，他们在中线上来回击球，玩法类似于无板篮球。但是特拉赫特利比赛中球员只能用膝盖、肘部或臀部传球，不能用手或脚传球。这是一项快节奏、高强度的运动，比赛的赌注非常高昂，输掉比赛的球队有时会被斩首。

特拉赫特利游戏需要……

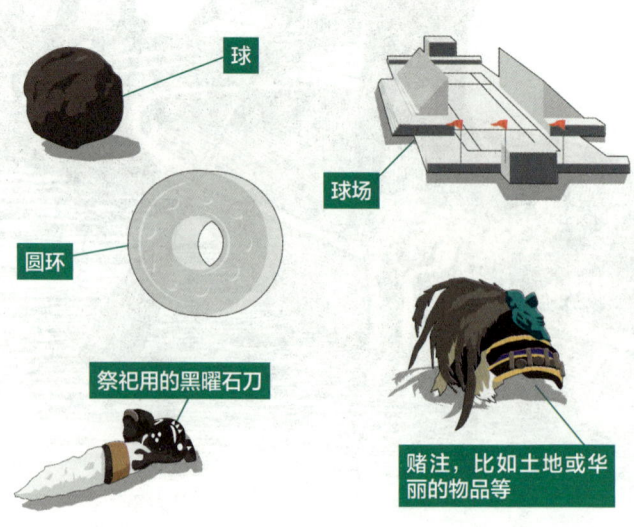

球
球场
圆环
祭祀用的黑曜石刀
赌注，比如土地或华丽的物品等

宗教意义

作为太阳的崇拜者，人们通过这种球类游戏来模拟太阳与星月之间的战斗。

扣篮

这个游戏的目标是让球在一条线上移动，但玛雅人增加了可以获得额外得分的吊环。

接触性运动

在石质地面的球场上比赛，刮伤和擦伤非常常见。如果橡胶球击中无保护的身体部位，可能会导致内出血。

防护服装

球员们戴着被称为"轭"（yokes）的软腰带，以及护膝和护臂来保护自己。

神圣的球场

球场是一个特殊的地方。在阿兹特克人的首都特诺奇提特兰城中，大神庙所在的神圣辖区内有一个球场。

怎样才能不在游戏中失去你的帝国

蒙特祖马二世是阿兹特克帝国最后的统治者之一，也是西班牙征服者埃尔南·科尔特斯来到特诺奇提特兰城的迎接者。他是一位狂热的特拉赫特利玩家，同时，他非常相信预兆和预言，因此，当邻邦特斯科科城的一个敌对国王声称他预言了蒙特祖马帝国的灭亡时，两人决定用一场球赛来解决这个问题。蒙特祖马二世输了，他认为这是他的帝国即将崩溃的又一个迹象。这场球赛是否决定了帝国走向尚未可知，但帝国无疑衰落了。在蒙特祖马二世欢迎科尔特斯来到阿兹特克帝国的首都之后，西班牙人抓住并杀死了蒙特祖马二世。在短短几个月内，因西班牙人拥有更先进的武器装备，再加上欧洲疾病在阿兹特克帝国的广泛传播，一场围攻使强大的特诺奇提特兰城乃至阿兹特克帝国落入了西班牙人之手。

01 建造一座球场

当你的部落搬到一个新的定居点时，你必须做的第一件事情（当然，这是在为维齐洛波奇特利神建造神殿之后）就是建造一座特拉赫特利球场。建造一个大的 I 形区域，它的中间部分用于玩耍，两侧有倾斜的侧壁用来弹球，再在两边各吊两个圆环。除此之外，还要确保有观众观看比赛和投注的地方。

02 制作一只橡胶球

这个游戏的用球由坚硬的固体橡胶制成，重量约为 4 千克。要得到一个这样的球，需要去找村里的橡胶制造专家。这些阿兹特克工匠将天然乳胶（一种在某些植物中发现的乳状物质）与牵牛花的汁液混合在一起，使球变得格外有弹性。

03 选择球员

特拉赫特利是一个难度很高的游戏，所以需要选择强壮又敏捷的球员，尤其是在和一个敌对的村庄竞争得分的时候。或者，在特拉赫特利游戏作为宗教节日的一部分进行，并且打算将失败方的球员献祭给神灵的时候，可以选择用俘获的战俘作为球员。

04 穿戴防护装备

被特拉赫特利球击中会导致骨折及内出血，所以为了安全起见，球员们一定要戴上由皮革、棉花和木头制成的软腰带及护臂和护膝。如果比赛有仪式意义，球员们可能还需要佩戴羽毛头饰。

05 比赛开始

比赛的目标是保持球的运动。球员主要利用臀部来保持球在空中的状态（尽管公认的规则是除了手之外的任何部位都可以触球），如果想让球越过中线，可以尝试把它弹到倾斜的墙壁上。如果球员能力足够强，可以把球投进吊环，这将为球队赢得额外的分数。

06 向神灵献祭

许多阿兹特克人举办球赛的目的是向神灵献祭。成为献祭者可以是获胜者的荣誉，也可以是失败者的惩罚，这将依据比赛的重要性而定。被献祭的球员将由祭司在球场外或球场附近的寺庙里斩首。

四座著名的球场

I 形球场
中美洲，约 1500 年

《波吉亚手抄本》的一个对开页显示，阿兹特克战士在 I 形球场上用棍子打球。

神圣球场
特诺奇提特兰城墨西哥，1402—1506 年

2017 年 6 月，在阿兹特克人的首都，也就是现在的墨西哥城，神圣球场被挖掘出来。球场坐落在圆形的羽蛇神庙旁边。

阿尔班山球场
墨西哥瓦哈卡州，公元前 500 年

阿尔班山是萨波特克文明的中心，萨波特克文明曾经统治着现在瓦哈卡州的大部分地区。与其他大多数前哥伦比亚部落一样，球场是他们文化的核心部分。

帕索德拉阿马达球场
墨西哥恰帕斯州，公元前 1400 年

已知最古老的球场，可以追溯到约 3400 年前。它的位置表明，它是为精英球员建造的，但与仪式崇拜无关。

与阿兹特克人同食

和欧洲社会一样，
阿兹特克人也有获得丰富、奢华饮食的机会，
但其饮食的丰富程度很大程度上取决于自身所在的阶级

作者：哈里·坎宁安

西班牙人抵达特诺奇提特兰城时，被眼前的景象惊呆了。但在所有令其瞩目的事物中，真正让他们震惊的不是那些非凡的建筑、神庙或复杂的运河系统，而是他们遇到的奢华的食物和饮品。事实上，我们所能看到的对阿兹特克文化最精彩的描述之一来自贝尔纳尔·迪亚斯·德尔·卡斯蒂略（Bernal Díaz del Castillo），他是埃尔南·科尔特斯手下的一名西班牙士兵，后者于1519年率领第一支探险队前往墨西哥。在《征服墨西哥（新西班牙）的真实历史》一书中，卡斯蒂略详细描述了阿兹特克领导人蒙特祖马二世举办的一次奢华宴会：

"他的厨师们有三十多种处理肉类的不同方法，他们的陶制器皿经过精心设计，可以始终保持高温。蒙特祖马本人的餐桌上有三百多道菜，他的卫兵们有一千多道菜可以食用……常见的肉类有家禽、野鸡、鹅、鹧鸪、鹌鹑、鹿肉、印度猪、鸽子、野兔，除此之外，还有许多其他欧洲人未曾见过的动物以供食用……蒙特祖马面前摆放着这个国家出产的各类水果。他吃得很少，但不时地有人为他斟上一种用可可调制的酒。据传，人们会用金杯盛着这种酒递到他的面前，但这种说法的真实性还尚未可知。当时我们并不确定他是否喝下了可可酒，但我看到女人们递给他约五十个装满了泡沫巧克力的罐子，他从中拿了一些……在蒙特祖马吃饭的时候，两个非常漂亮的女人正忙着用鸡蛋做小蛋糕，里面还混有一些其他的食材。她们把蛋糕放在盘子里，用餐巾盖

迭戈·里维拉所作的一幅壁画展示了阿兹特克人准备食物的场景

阿兹特克人和巧克力

这些古人对这种甜食的珍视甚至超过了现代最狂热的巧克力爱好者

巧克力（或拼为"chocolati"）这个词指的是可可豆和水，让人联想到"苦水"的味道。

巧克力和可可豆的历史甚至比阿兹特克文明还要悠久——玛雅人在公元500—800年就开始食用巧克力了。

阿兹特克人将可可豆作为饮料、药物甚至货币。由西班牙人在当地阿兹特克人的帮助下编纂的《巴迪亚努斯手稿》，揭示了可可树的花是如何用于沐浴以帮助减轻疲劳、用于治疗胃病和腹泻，以及与一种木棉树树皮的液体混合起来以治疗感染的。除了作为许多药物的主要成分外，它还被混入味道难闻的药物之中，发挥甜味剂的功效。

可可种子也被视为一种交易货币。当西班牙人第一次到达特诺奇提特兰城时，蒙特祖马二世拥有大约10亿颗可可豆的财富，这些可可豆储存在巨大的立方体中，古代阿兹特克作家丽莎·马蒂（Lisa Marty）将其描述为类似于皇家银行的存在。据说阿兹特克统治者每天要喝50杯巧克力，所以为了避免阿兹特克王室成员真的将他们的财富喝光，阿兹特克的四种可可豆中只有一种用作货币。

正如今天的巧克力被分成几个等级，价格也以品质认知度为依据而存在很大差异一样，阿兹特克人对巧克力也很挑剔。纳瓦尔特语中"珍贵的东西"一词被用来形容最纯净的巧克力，这种巧克力的可可含量最高，且没有混合其他成分。

▼ 可可：最好的药？

着，递给蒙特祖马。此外，另一种面包也被端到蒙特祖马面前，它们被盛放在长长的、类似盛华夫饼蛋糕时所用的那种盘子里。蒙特祖马吃完饭后，她们递给他三根装饰精美的小手杖，里面装着琥珀汁，还混合着一种被他们称为烟草的药草。当他看够了、听够了歌手、舞者和小丑的表演后，他吸了一点手杖上的烟，然后就躺下睡觉了。

"在这一切结束之后，他所有的卫兵和仆人开始坐下来吃饭，据我所知，他们面前摆放了一千多盘我前文提到过的食物，以及大量的发泡巧克力、巧克力和水果。"

我们还可以从书中窥见令阿兹特克人闻名于世的人祭文化，卡斯蒂略告诉我们："我听说他们（蒙特祖马的厨师）经常为他烹饪小男孩的肉，但由于他的菜品多样，所用食材众多，我们无法确定它们到底是人肉还是其他东西……所以我们也无法对此进行更深入的了解。"但值得注意的是，这种说法可能只是一个谣言。

抛开食人的传闻不谈，这场晚宴所揭示的文化，与西班牙人在欧洲皇家宫廷所经历的文化没有什么不同：筵席上摆满了优质的肉类、鸡蛋和蛋糕，还搭配了最精美的菜肴。

这次晚宴也让我们得以一窥阿兹特克帝国上流社会的宴会文化。女性烹饪了大部分食物，就像她们在家里所做的那样，而且她们特别擅长把各种植物、水果、豆类和香料变成我们今天熟悉的酱汁和佐料。她们还会在阿兹特克军队

▲ 一个阿兹特克人在可可树下磨巧克力

出征期间为他们准备食物，并且陪同他们前往远离帝国边界的地方。

在庆祝洗礼的晚宴上，阿兹特克人会在餐前为男客人提供烟草和陶瓷烟斗，而在欧洲，吸烟通常是用餐结束时的一种消遣。另外，在阿兹特克晚宴上，人们会在用餐结束时为男客人提供巧克力饮料。相比之下，妇女却只能得到由玉米和水熬成的稀粥。人们希望宴会不只是一天的活动，主人应该有足够的物资来招待客人至少两天，而且他还应该为客人们提供一种叫作龙舌兰的酒精饮料。

但这些晚餐的菜品与普通阿兹特克公民的相距甚远。肉在普通阿兹特克人的饮食中占比并不大，大多数公民的肉类摄入量都很少。蒙特祖马二世如此奢侈的饮食，再次显示了这位统治者的权力、地位和奢华程度。然而，这位统治者所能享受到的一切都是由下层阶级创造的，是他们发展了相对先进的耕作技术和农业政策，

> 征服南美后，巧克力成为欧洲富人的时尚饮品。

仙人掌虾仁沙拉

这道沙漠美食为经典沙拉增添了些许"刺"味

这个食谱来自《佛罗伦萨手抄本》(Florentine Codex),这是一本类似《门多萨手抄本》的阿兹特克文化研究著作,创作于16世纪后期。虽然在这个食谱中加入的是虾,但众所周知,阿兹特克人会在其中加入他们在特斯科科湖周围发现的任何东西,包括鱼、青蛙甚至蝌蚪。

仙人掌可以生吃,也可以煮熟后食用。

原料

- 1磅(约0.45千克)仙人掌条(确保去掉刺或棘)
- 2把蒜末
- 2个中等大小的番茄,切丁
- 1个小洋葱,切丁
- 1/2个豆薯(墨西哥萝卜),切丁
- 2个塞拉诺辣椒,切碎
- 3汤匙酸橙汁
- 盐
- 1磅(约0.45千克)虾(或任何可用的鱼)

1. 将仙人掌切成小块,煮5~7分钟。
2. 将虾放入水中煮至粉红色。
3. 将虾沥干,切碎。
4. 将仙人掌和虾混合,加入其余的材料。

确保了阿兹特克人即使在最恶劣的干旱天气中也能生存下来。

有助于实现上述成就的是"奇那帕斯耕作法"(chinampas),或称"浮园耕作法"。"chinampas"来自纳瓦特尔语,意指被树篱包围的土地。通过这一方法建造的这些狭窄的矩形岛屿宽6~10米,长110米,至今仍在使用。这些岛屿虽然被植被、泥土和泥浆所覆盖,但其土壤中含有大量来自特斯科科湖的有机物质,这些物质可以作为肥料,这就意味着这些岛屿非常适合种植作物。对于阿兹特克人来说,这些岛屿用途多样,可以全年种植主要的根茎、蔬菜、谷物和水果作物。有人认为,当科尔特斯于1519年到达时,这些奇那帕斯岛屿已经可以为10多万人提供食物。

但这只是阿兹特克人的食物来源之一。除此之外,阿兹特克人还在城镇和城市里建造了自己的花园,用以种植作物。另外,城市周围山谷

▲ 贝尔纳尔·迪亚斯·德尔·卡斯蒂略的半身像,他记录了1519年西班牙人与阿兹特克人相遇的场景

▲ 墨西哥特诺奇提特兰市场的场景重建

的巨大山坡上也有阿兹特克人耕种的身影。在这里，他们建造了石墙，也称"梯田"，来平整土地，以便种植作物和进行耕作。

梯田可以分为几种。山坡上采用的是等高梯田，沟壑处采用的则是跨渠梯田或拦水坝。跨渠梯田是建在沟渠或峡谷中的石墙，与水流方向成直角。等高梯田是建在山坡上的，像是巨大的台阶，可供泥土在其上沉淀。它们划分出了一块块可供耕种的小块土地。这两种梯田都是缓慢地、一点一点建造的，并非一下子就能够建成，并且它们是所有耕作方式中生产效益最低的一种。但是阿兹特克人的农业侧重点在于适应独特的环境，并且致力于利用环境的每一部分来最大化产出，而不会过度依赖"奇那帕斯"耕作法。

阿兹特克农民工作异常辛劳，因为他们不使用动物或机械来辅助他们耕作。随着人口的增长及更多被征服的城镇和省份成为帝国的一部分，农业集约化的程度也变得越来越高。阿兹特克农民使用一种平铲（被称为"coa"）来挖掘土地，他们的任务包括除草、平整地面、捡石头、挖掘、开沟、种植、浇水及挖坑播种。阿兹特克人还会划着平底独木舟在"奇那帕斯"中间航行。收割的庄稼将由被称为特拉梅姆（tlameme）的搬运工运到镇上，他们往往会借助一种被称为

▲ 一幅关于阿兹特克盛宴的插图，摘自1579年迭戈·杜兰（Diego Durán）的手稿《新西班牙印第安史》

阿兹特克热巧克力

阿兹特克式经典冬季饮品

巧克力在阿兹特克烹饪文化中的神圣地位，意味着它是盛宴的宠儿。阿兹特克人没有用糖来为巧克力增加甜味，他们不知道这一做法，而是欣然接受了巧克力的苦味，并在其中加入了辣椒甚至蘑菇。西班牙人是热巧克力的首创者，他们在16世纪首次尝试饮用热巧克力，并在其中加入了香草、肉桂等调味品和香料。以下配方不含糖，旨在模仿阿兹特克人所熟知的巧克力饮品。

原料

- 1杯热水（300~500毫升）
- 2盎司（约0.03千克）无糖巧克力（烹饪用巧克力）
- 3汤匙蜂蜜
- 1/8匙盐
- 1/2汤匙磨碎的肉桂
- 3杯热牛奶（对于热巧克力来说，牛奶越浓越好，所以全脂牛奶比脱脂或半脱脂牛奶更好）
- 肉桂棒（每杯一根）

1. 在不同的锅里加入热水和牛奶。
2. 将巧克力打碎，加入水中，搅拌直至融化。
3. 加入蜂蜜、盐和肉桂粉。
4. 慢慢倒入热牛奶，不断搅拌。
5. 装在杯子里，每杯加一根肉桂棒。

"通普林"（tumpline）或"梅卡帕尔"（mecapal）的特殊皮带将货物背在背上。

在阿兹特克社会，任何东西都不会被浪费。人们经常食用蠕虫和蚱蜢等昆虫，湖中的高蛋白藻类也会被用网捕捞出来，然后制成一种名为特奎特拉特尔（tecuitlatl）的面包或蛋糕，作为街头小吃出售。干燥后，它大约有1.5英寸（约4厘米）厚，可以切成砖形，并且由于含盐量较高，可以储存一年之久。卡斯蒂略曾品尝过这种蛋糕，说它尝起来像奶酪一样。仙人掌也是一种美食，可以煮熟后加入包括沙拉在内的各种菜肴之中。

玉米可能是阿兹特克人饮食中最重要的一部分，通常人们会将玉米团成球状，并在中间放入豆子或辣椒，以供食用。它也是一种叫作阿托尔（atole）的流行饮料的关键成分，阿托尔由玉米粉、水和肉桂混合而成。帕索拉（pozole）是一种珍贵的美食，是一种通常含有猪肉、辣椒和卷心菜的玉米粒汤或炖菜。因为玉米在阿兹特克人的饮食中非常重要，所以有一些神灵专门与玉米有关，比如奇科梅科瓦特尔。据说，在种植玉米之前，农民们会直接向这些神灵祈求丰收，而在烹饪玉米之前，厨师们也会向这些神灵表示感谢。一句典型的阿兹特克谚语是通过说某人已

▲ 一个阿兹特克人正在把食物运到市场

经"到了绿玉米长穗的季节"来表示对玉米神的赞美。

豆类对阿兹特克人来说也很重要。虽然它像玉米一样看似平淡无奇，但阿兹特克厨师可以利用包括西红柿、辣椒、香料甚至鳄梨在内的各种调味品，为其赋予各种风味。

随着玉米在阿兹特克周围城镇和省份成为主食，一些历史学家对阿兹特克饮食的营养价值产生了质疑，特别是在蛋白质方面，他们认为尽管阿兹特克人有肉类可食用，但蛋白质摄入量依然不足。特奎特拉特尔面包则正是因为富含多种蛋白质（尽管不是全部）才大受欢迎。一些历史学家推断，阿兹特克人饮食中缺乏蛋白质，可能是导致他们利用活人献祭并产生食人行为的原因，但这似乎很牵强，而且这一说法几乎没有什么证据。同样，认为阿兹特克人在某种程度上营养不

▲《佛罗伦萨手抄本》中描述的传统阿兹特克农业技术

▲ 一名阿兹特克妇女在烹饪前对玉米吹气，以确保玉米不"怕火"

▲ 特奎特拉特尔，一种由从湖里捞出的藻类制成的蛋糕或面包

良，以及认为阿兹特克社会是一个饥饿社会的观点也是错误的。虽然单独的玉米不能提供良好饮食中包含的所有蛋白质，但阿兹特克人发现，如果他们吃石灰浸泡的玉米和豆子，就可以满足他们的蛋白质需求。

考古学家迈克尔·E.史密斯（Michael E. Smith）曾经思索，一个对影响现代饮食的人体化学和生物科学一无所知的社会是如何想出这一办法的呢？他认为答案很简单："我曾问现代中美洲的'农妇'为什么在烹饪前浸泡玉米，她们的回答是，如果玉米没有浸泡石灰，玉米饼的味道就不好。五个世纪前这些女人的阿兹特克祖先可能也会说同样的话。"事实上，就像阿兹特克文化的大部分一样，试验、犯错及简单适应环境情况的直觉三者结合，使阿兹特克人受益良多。

在阿兹特克人食用的肉类中，狗肉是他们的美食之一。阿兹特克人既把小狗作为宠物也把它们作为食物的事实是西班牙征服者前所未闻的，后者对狗肉的烹饪方法非常好奇。在给西班牙国王、神圣罗马帝国皇帝查理五世的一封信中，科尔特斯称狗肉"美味可口"，这表明他已经打破了禁忌，尝试了狗肉。正如人们所料想的那样，阿兹特克人食用的狗不是吉娃娃，而是一种无毛的狗。有证据表明，阿兹特克人也会食用火鸡，他们曾尝试驯养火鸡。蝌蚪和青蛙在阿兹特克文化中也是一道美味佳肴，菜单上也会出现野猪（一种类似猪的哺乳动物）、兔子、老鼠、犰狳、蛇、负鼠和鬣蜥。

上文提到的许多货物和食品都能在阿兹特克人的当地市场上找到。事实上，阿兹特克法律明文规定，交易必须在市场内进行，这样就有了某种监督，以确保每个人都能以公平的价格买到东西，没有人会受到欺诈。这也意味着税款——一种阿兹特克增值税，可以当场征收。像特诺奇提特兰城这样的大城市，这些市场每天都会开放，而在较远的小城镇和村庄，市场可能会以5天、9天、13天和20天的周期循环开放。基于当时的情况，买家可以在步行一天的路程内找到一个市场，而卖家有时甚至需要走很远的路。在市场上，物物交换和货币交易都被人们所接受。

阿兹特克人确实饮酒，尽管酒并不是他们

> 特拉特洛尔克市场每天可能会吸引25000名购物者，在特殊时期这一数字甚至还能增加一倍。

▲ 一块"奇那帕斯"。"奇那帕斯"耕作法是一种自阿兹特克时代以来几乎没有改变的技术，至今仍在使用

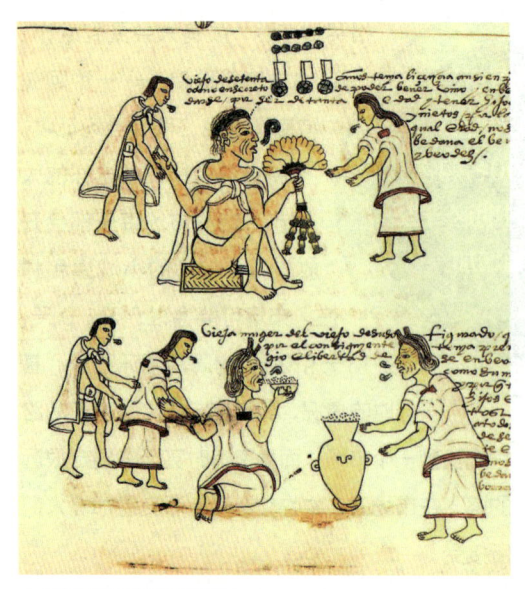

▲ 正在喝龙舌兰酒的老年男女

能获得的唯一一种令人陶醉的东西。最受阿兹特克人欢迎的饮品是龙舌兰酒（也称"octil"），它是由龙舌兰的汁液制成的。今天人们仍然在饮用这种酒，认为它和巧克力一样神圣。这种酒呈乳白色，其顶部通常会泛起泡沫，口感带有一种酸味——就像发酵时间不够长的啤酒。

同时非常明显的是，阿兹特克人认为过度饮酒是一种大不敬。阿兹特克社会对醉酒的惩罚可能非常严厉，这主要取决于犯罪者的年龄和阶级。如果一个年轻人在公共场合喝醉，或者哪怕他只是身上带了酒，被官员抓住都会被处以死刑。处于下层阶级的学生醉酒会被当众殴打致

▲ 传统的阿兹特克饮料阿托尔，至今仍然是墨西哥街头小吃的重要组成部分

死或者勒死以示惩戒，而处于上层阶级的学生醉酒会被秘密勒死。事实上，一个成年公民第一次犯醉酒罪只会受到严重警告，并被剃成光头，第二次犯罪才会被判处死刑。然而，年龄较大的阿兹特克公民可以在法律允许的范围内饮用龙舌兰酒，并被鼓励去享受它。

阿兹特克人的许多做法与我们所知道的15、16世纪欧洲的饮食文化非常相似。人们的饮食在很大程度上取决于阶级和宗教，统治者和贵族在对菜品有严格要求的奢华宴会上食用当地捕获的新鲜肉类，而下层阶级只能更多地依赖于当地社区种植及在市场上出售的植物和作物。

▶ 一尊源自特诺奇提特兰城大神庙的雕像，展现了农业女神奇科梅科瓦特尔

在特诺奇提特兰城的生活

一座巨大而又神奇的城市从湖中的一个沼泽岛屿上崛起，成为阿兹特克帝国的中心

作者：多米尼克·伊姆斯

这幅图展示了阿兹特克人在繁荣首都的日常生活

任何一个第一次看到特诺奇提特兰城的人,当他从周围的山上俯瞰这座仿佛从水中出现的城市的时候,他都一定会对这座城市的规模和其创造者的能力充满敬畏。若想步行到特诺奇提特兰城,人们需要沿着三条宽阔堤道的其中一条穿过湖泊,这三条堤道绵延数英里,宽度足以让十几个人并排行走。或者,人们可以乘独木舟,这样可以更靠近浮园——这些人造的小块土地从岛上延伸出来,以供农民种植庄稼。

然后,人们可以沿着熙熙攘攘的运河网,或者沿着从东到西、从北到南的宽阔大道,深入特诺奇提特兰城。这些运河或大道与狭窄的道路相连,蜿蜒穿过居民区,经过平民的泥芦住所、富人的石砌平顶房屋,通往巨大的市场——市场非常之大,大到一天可以有数万人在其中进行买卖和交换。据估算,在鼎盛时期,特诺奇提特兰城中居住了约20万人,那时这座城市可能像一个充满活力和声响的蜂巢。

城中到处都是神庙、纪念碑和神的雕像,它们坐落在白色的建筑物之间,在阳光下闪闪发光,仿佛在炫耀这座大都市有多么干净。特诺奇提特兰城中最突出的巨型建筑是一个60米高的金字塔,它一下子就能抓住每个望向这座城市之人的视线。它耸立在圣域之内,后者是一个由宗教建筑和宫殿组成的综合区域,也是成千上万人

> 在鼎盛时期,特诺奇提特兰城是多达20万人的家园,比当时大多数欧洲城市都大。

▲ 这幅图显示了特诺奇提特兰城的堤道和堤坝

▲ 利用"奇那帕斯"耕作法，阿兹特克人能够开辟更多的土地

被献祭的地方。

不仅是中美洲找不出第二个像特诺奇提特兰城这样的城市，在当时，放眼世界，也没有多少地方能与这座阿兹特克首都相媲美。它在两个世纪内上升到如此高度，然后又迅速崩溃。传说中，墨西哥人离开了他们祖居的阿兹特兰，从北方来到这里寻找一个可以居住的地方，直到他们到达了墨西哥中部的特斯科科湖。在靠近西海岸的一个岛屿上，他们看到一只鹰栖息在一棵多刺的梨形仙人掌上，正在吃一条蛇，他们认为这是维齐洛波奇特利神给他们的信号，标志着他们注定要在这里建造一座城市。这座城市始建于1325年，人们将其命名为特诺奇提特兰城。

然而，尽管有来自上天的信号，这座岛屿却并不是一个令人欢欣的新家目的地。年轻的特诺奇提特兰曾处于该地区主要势力特帕内克的统治之下，几十年来不得不向特帕内克进贡。

尽管如此，特诺奇提特兰及其人民还是在整个14世纪繁荣发展，日益强大，最终在其第四任国王伊茨考特（Itzcóatl）的统治下成为独立国家。通过与其他两个国家，即特斯科科和特拉科潘结盟，特诺奇提特兰开始从战败的敌人手中夺取土地，并为自己获取贡品，这为后来的阿兹特克帝国打下了根基。这样的成功意味着有更多的人来到了这个城市，而事实证明这座岛屿太过狭小，无法满足日益增长的人口需求。因此，阿兹特克人决定通过建造人工岛来对其进行扩张。

他们把木桩敲进湖床的浅处，用芦苇把它们

▲ 这个花瓶发现于大神庙内，其上描绘的是雨神特拉洛克

紧紧地绑在一起，形成一道道坚固的墙。然后用岩石和泥土，包括地表下高度肥沃的泥浆，将这个空间填满，使之形成一个个长约30米的浮动地块，地块之间还留有空隙，可供独木舟行驶。通过这种被称为"奇那帕斯"的农业形式，农民们获得了玉米、辣椒、豆类、番茄、南瓜、苹果及香草等其他作物的丰收。鲜花也开得十分茂盛，这些漂浮的花园也因此而变得五彩缤纷，芳香四溢。

通过不断开辟土地，特诺奇提特兰城的面积最大时可达约5平方英里（约13平方千米）。人们只能通过堤道进入特诺奇提特兰城，堤道上每隔一段距离就有一座桥，桥下有独木舟通过。这些桥也保障了特诺奇提特兰城的安全，因为它们

▲ 墨西哥城中树立的一座纪念雕像，它纪念了特诺奇提特兰城的建立

可以在城市受到攻击时被升起。这座扩建后的城市被宽阔的大道分成几个区域，这些大道从市中心一直延伸到北面、南面、西面的三条堤道及东面的码头。那时，这座城市有大约十五到二十个区，或称卡尔普利，每个区都有自治权并建有属于本区域的神庙、学校和市场。

市场是经济的主要贡献者，同时也是一个独特的社会空间。在大型的露天广场上，商品被划分成从食品到诸如羽毛、皮毛、乐器和贵金属等异国物品在内的几个不同类别，从而进行交易。价值很高的可可豆可以作为货币使用。最大的市场在另一个岛国特拉特洛尔克，该岛国于1474

▲ 数千名人祭受害者的遗骨被发现

年被征服，并被纳入不断扩张的特诺奇提特兰。据说特拉特洛尔克市场可以容纳6万人，但这一说法可能略有夸张。

太阳石的秘密

特诺奇提特兰城中的珍贵文物是如何为我们提供有关阿兹特克人的线索的？

一批珍贵的文物从墨西哥城的地下被挖掘出来，但也许没有哪一件能像太阳石那样具有标志性。这座直径约3.5米、重24吨的火山玄武岩雕像在特诺奇提特兰城陷落后被西班牙人埋了起来，直到1790年才再次问世。

根据阿兹特克人的说法，这些错综复杂的雕刻描绘了世界的过去时代，这些雕刻最初可能是彩色的。它的中间是一张怪诞的脸，人们认为那是太阳神托纳提乌的脸，雕刻者将他的舌头刻成了一把祭祀刀，还为他刻上了可能握有心脏的双手。这张脸与周围的四个矩形相连，形成了"ollin"字形，意为运动，这就是这个时代的名字。阿兹特克人认为这是世界的第五个时代，或者说第五个太阳，它之前的四个时代都以灾难性的事件而结束。

太阳石外圈的符号是阿兹特克日历年的象征，阿兹特克人的一个日历年由365天组成，分成18个月，每个月20天，每年的最后5天被单独划分出来，阿兹特克人把这5天称为"无用日"，他们认为这5天是不祥之日。阿兹特克人还有一个以260天为周期的宗教日历，它由20个13天的小周期组成，每个小周期都分别以不同的神灵为尊。至于太阳石本身，现如今它被保存在墨西哥城国家人类学博物馆内，学者们仍在试图揭开它所有的秘密。其完整而又复杂的作用对人类来说仍然是一团迷雾。

▶ 太阳石应该是水平放置的，并且可能涂有祭祀用的血液

> **在大型露天广场上，商品被划分为从食品到诸如羽毛等异国物品在内的几个不同类别，分别摆放在不同区域。**

市场上出售的商品的种类随着与其他文明贸易的加深而越发丰富，对外贸易由波切特卡，即旅行商人进行。虽然波切特卡不属于贵族，但他们也具有社会影响力，因为他们负责在整个帝国传递信息。

相较于其城市规模而言，特诺奇提特兰城保持着极高的清洁程度，城内的垃圾每天都会被收集和运走。阿兹特克人也非常注意保持自身的清洁，他们每天都要洗一次甚至好几次澡。城内淡水充足，15世纪中期，在蒙特祖马一世的统治之下，人们在特诺奇提特兰城和特斯科科湖周围的山丘之间修建了水渠，从此之后，城内的淡水资源变得更为丰富。水流沿着堤道上的两条陶土管道流动，这意味着人们可以在不停止供水的情况下对其中一条管道进行修复。人们认为，这两条管道的建筑师内萨瓦尔科约特尔（Nezahualcoyotl）还建造了

▲ 大神庙遗址处的神像

西班牙人如何看待特诺奇提特兰城

科尔特斯和他的征服者队伍目睹了这座城市的巅峰，
也目睹了它的毁灭

当埃尔南·科尔特斯和他的手下于1519年第一次看到特诺奇提特兰城时，他们被它的规模、结构和复杂程度所震惊。随行的贝尔纳尔·迪亚斯·德尔·卡斯蒂略写道："凝视着如此美妙的景象，我们不知道该说些什么，也不知道我们面前的一切到底是真是假。"他说，一些人问他们看到的"是否是一场梦"。

西班牙人被迎入这座城市，并获得了在城内探索的许可。卡斯蒂略借机看到了特拉特洛尔克的大市场："我们对市场内的人员数量和商品数量感到震惊……对良好的秩序和管控感到震惊，因为我们以前从未见过这种场景。"科尔特斯同样对特诺奇提特兰城印象深刻，他还在给西班牙国王查理一世的信中描述了这座城市的奇观，声称它和塞维利亚（Seville）或科尔多瓦（Córdoba）一样大。

但是，西班牙人也在这座城市看到了令他们厌恶的东西：活人祭祀。卡斯蒂略写道："那个神殿的墙壁上溅满了血，连地面都是黑色的……恶臭味道比西班牙任何一家屠宰场都要难闻。"他们夸大了阿兹特克人的野蛮程度，让他们看起来更加残暴。西班牙人声称，阿兹特克人为了纪念大神庙而献祭了8万多人，而实际数字只是不到4000。西班牙人旨在通过这种夸张来证明他们发动侵略以使阿兹特克人皈依基督教的决定是正确的。被西班牙人征服之后，特诺奇提特兰城被摧毁，湖水也干涸了，一座新城市在此拔地而起。

一条长达8~10英里（约10~16千米）的堤坝，以保持岛屿周围的水不被远处的咸水湖污染。

特诺奇提特兰城中最令人印象深刻的建筑群坐落在城市中心的圣域之内。这数十座（有人说多达78座）建筑之中，有包括供奉羽蛇神的圆塔在内的许多神庙、贵族和显贵居住的宅邸及皇家宫殿。第九任国王蒙特祖马二世的庞大建筑群内甚至建有动物园、鸟舍、水族馆和植物园。

在神庙旁边还有一个同样被赋予宗教意义的建筑，但它不是用来做礼拜的，而是用来举办乌拉玛利兹特利

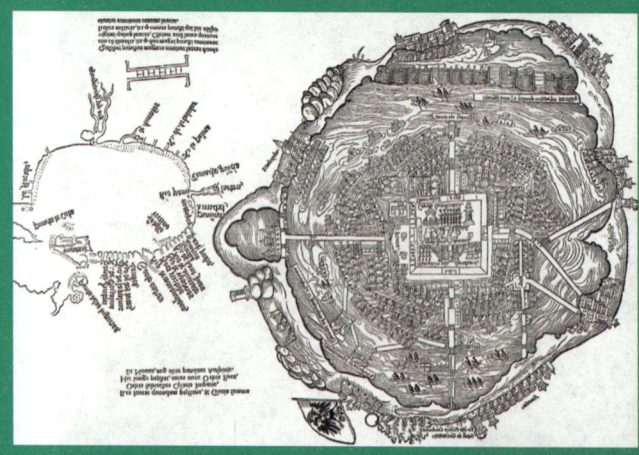

▲ 这张特诺奇提特兰城的地图出版于1524年，是欧洲发现的第一张关于这座城市的地图

球赛的。球赛在特拉赫特利球场上进行，该球场的形状像一个大写的I，周围建有高墙，两边各吊有一个石环。球员们要设法在不使用手或脚的情况下，让一个硬橡胶球穿过石环，所以他们必须把身体抛来抛去，用身体的其他部分把球留在空中。这项运动代表着太阳与黑夜之间的神圣交战，因此，人们在大量下注猜测其最终胜负的同时，也对其保有十分的敬畏。

圣域内的所有建筑都在主神庙的笼罩之下，主神庙是一座金字塔，阿兹特克人称其为"休伊特奥卡利"（Huie Teocalli），但其西班牙名称"大神庙"更为人所熟知。它实际上由两个一模一样的金字塔组成，它们在一个巨大的平台上并列着，分别供奉着不同的神灵。南边的金字塔供奉的是战神维齐洛波奇特利，登上神殿的台阶被涂成了红色；而北边的金字塔供奉的是雨神特拉洛克，登上神殿的台阶被涂成了蓝色和白色。

到16世纪初，帝国的势力已经扩展到墨西哥中部的大部分地区，覆盖了数百个州和数百万人口。一切都由特诺奇提特兰城控制，它是那个时代一个繁荣的特大城市，面积是伦敦的两倍。近200年来，它一直是阿兹特克人的经济、军事、艺术、文化、宗教和祭祀中心，也是阿兹特克人心中保持太阳照常升起的真正力量。特诺奇提特兰城令西班牙人敬畏，但同样也因西班牙人的贪婪而毁于一旦。

▼ 在墨西哥城中我们可以看到大神庙的遗迹

宏伟的特诺奇提特兰城

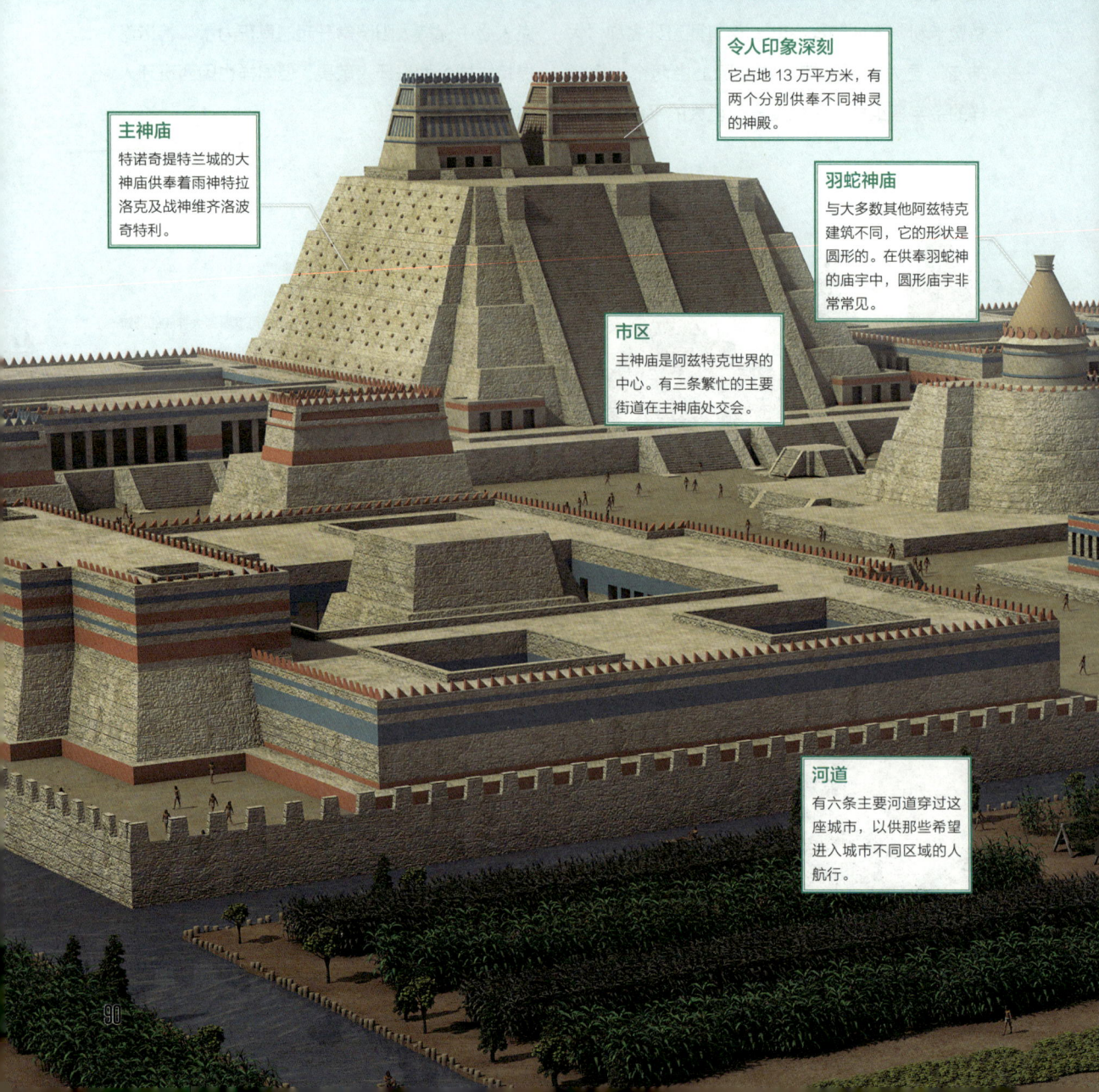

主神庙
特诺奇提特兰城的大神庙供奉着雨神特拉洛克及战神维齐洛波奇特利。

令人印象深刻
它占地13万平方米,有两个分别供奉不同神灵的神殿。

羽蛇神庙
与大多数其他阿兹特克建筑不同,它的形状是圆形的。在供奉羽蛇神的庙宇中,圆形庙宇非常常见。

市区
主神庙是阿兹特克世界的中心。有三条繁忙的主要街道在主神庙处交会。

河道
有六条主要河道穿过这座城市,以供那些希望进入城市不同区域的人航行。

位置
在特斯科科湖上的都城

通往伊斯塔帕拉帕（Iztapalapa）和霍奇米尔科（Xochimilco）的道路

通往特佩亚克（Tepeyac）的路

通往塔库瓦（Tacuba）和查普尔特佩克的路

宏大的特诺奇提特兰城，仪式中心

特拉特洛尔克
这个巨大的露天市场为不同的产品划分了不同的区域。

道路
通往这座城市的道路有四条，最大的一条长13千米，宽20米。

房屋
城里的大多数住宅都是简单的单层房屋，它们与那些宏伟壮观的寺庙截然不同。

奇那帕斯
它们是人造的浮动花园，用于种植各种农产品，例如玉米、南瓜、胡椒、可可、豆类、苹果、西红柿和香草。

特诺奇提特兰城的主干道看起来可能像特奥蒂瓦坎的这条路一样

大神庙内部

特诺奇提特兰城中宏伟的阿兹特克金字塔，1497年

大神庙是"休伊特奥卡利"神庙的西班牙语名称，这座全能的金字塔神庙主宰着阿兹特克人的首都特诺奇提特兰城，也就是今天的墨西哥城。最初，它于1325年建造在特斯科科湖的一个沼泽岛屿上，作为阿兹特克凶猛的战神和雨神（分别是维齐洛波奇特利和特拉洛克）的简易神殿而存在。但在1521年阿兹特克帝国灭亡之前，这座神庙被重建了至少六次。

每一位阿兹特克统治者都会在神庙的最外层增建一层，以表示对神的尊重，并以此确保他的统治将在这座巨大的石头建筑中永垂不朽。他们在给神庙增加层叠的同时，还在石头之间埋下了祭品。到目前为止，考古学家已经发现了6000件隐藏在地层之间的物品。第六次也就是最后一次重建发生于1487年。这座神庙高达60米，是特诺奇提特兰城天际线上的一个石质的庞然大物，也是阿兹特克帝国的精神和物质中心。

神庙表层覆盖着灰泥并涂上了鲜艳的色彩，神庙上装饰着描绘阿兹特克万神殿故事的石头浮雕，以及详细的动物雕刻和众多雕像。通往神殿的巨大楼梯被故意设计得很陡，以确保从顶部的祭祀石上抛下的尸体能够到达底部。祭祀活动非常频繁，以至于通往维齐洛波奇特利神庙的白色台阶都被鲜血染红了。与此同时，这座大神庙也包含着几座供奉特别神灵的神殿，整个大神庙坐落在一个由大约78座其他神圣建筑组成的区域之内。

特诺奇提特兰城一被西班牙征服者所包围，这座大神庙的一些石头就被用来建造墨西哥城的基督教教堂了。但是，由于大神庙的建筑分层，一些原始的神庙废墟今天依然存在。

特拉洛克神殿

大神庙顶部的两个神殿中的北殿供奉着雨神和丰饶之神特拉洛克。人们敬畏这位神灵,因为人们相信,他会在发怒时制造雷电和洪水,而在平静时,他会降雨来帮助庄稼茁壮成长。人们经常用献祭儿童的方式来纪念他。

祭祀头骨

雕刻的石质头骨装饰在神庙的外墙上,旨在复制神庙内的骷髅墙上展示的献祭受害者的真实头骨。最近,考古学家在大神庙发现了一架头骨,总共650个,其中许多头骨属于妇女和儿童,而非研究人员预期的成年男性战士,这引发了人们对中美洲文化的重新思考。

羽蛇神神庙

在主神庙西面、宏伟台阶对面的较小型圆形神庙中供奉着羽蛇神。这座建筑中装饰着大量的蛇形图案,阿兹特克人相信,羽蛇神和他的对手特斯卡特利波卡一起帮助诸神创造了第五个太阳的世界,他还用自己的血创造了人类。

柯约莎克石

这个神庙的重要部分被放置在通往维齐洛波奇特利神殿的阶梯的底部,它描绘了维齐洛波奇特利的妹妹——月亮女神柯约莎克,赤身裸体、被斩首并被肢解的样子。在阿兹特克神话中,维齐洛波奇特利在柯约莎克试图杀死他们怀孕的母亲后,向柯约莎克发起了攻击。

蛇形雕像

巨大的波浪形石蛇(阿兹特克神话中的一种动物)守卫着维齐洛波奇特利神一侧的大神庙的入口,通往神殿的台阶上也有蛇形装饰。这些装饰象征着科特佩克山,它也被称为"蛇山",关于维齐洛波奇特利和柯约莎克的传说就发生在这座山上。

青蛙祭坛

在神庙台阶底部有两只头朝上的青蛙雕像,青蛙呱呱叫被认为是特拉洛克将要降雨的预兆。神庙的这一边象征着托纳卡特佩特,这座传说中的山被称为"食物之山",阿兹特克人认为他们的玉米源自这里。

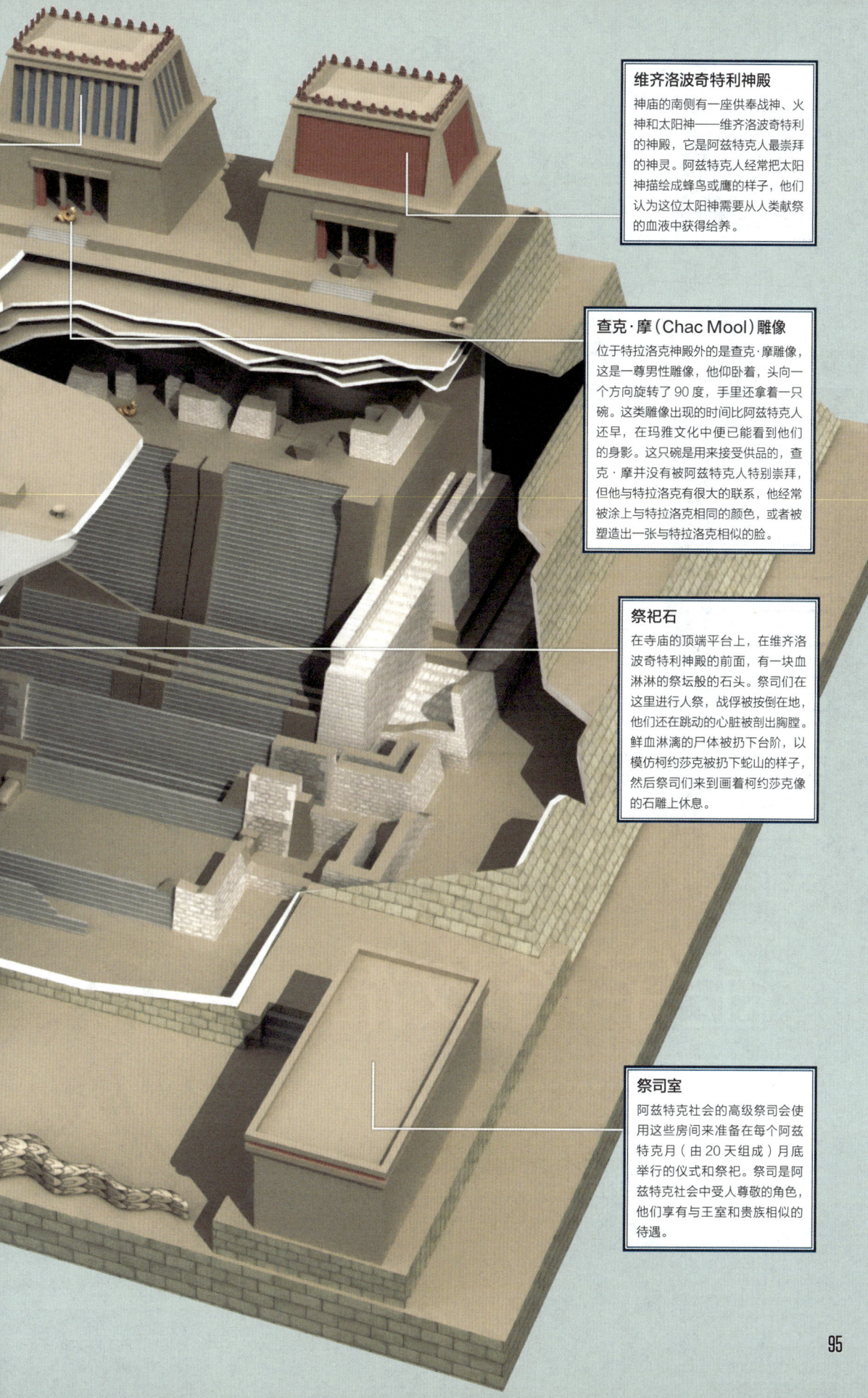

维齐洛波奇特利神殿

神庙的南侧有一座供奉战神、火神和太阳神——维齐洛波奇特利的神殿,它是阿兹特克人最崇拜的神灵。阿兹特克人经常把太阳神描绘成蜂鸟或鹰的样子,他们认为这位太阳神需要从人类献祭的血液中获得给养。

查克·摩(Chac Mool)雕像

位于特拉洛克神殿外的是查克·摩雕像,这是一尊男性雕像,他仰卧着,头向一个方向旋转了90度,手里还拿着一只碗。这类雕像出现的时间比阿兹特克人还早,在玛雅文化中便已能看到他们的身影。这只碗是用来接受供品的,查克·摩并没有被阿兹特克人特别崇拜,但他与特拉洛克有很大的联系,他经常被涂上与特拉洛克相同的颜色,或者被塑造出一张与特拉洛克相似的脸。

祭祀石

在寺庙的顶端平台上,在维齐洛波奇特利神殿的前面,有一块血淋淋的祭坛般的石头。祭司们在这里进行人祭,战俘被按倒在地,他们还在跳动的心脏被剖出胸膛。鲜血淋漓的尸体被扔下台阶,以模仿柯约莎克被扔下蛇山的样子,然后祭司们来到画着柯约莎克像的石雕上休息。

祭司室

阿兹特克社会的高级祭司会使用这些房间来准备在每个阿兹特克月(由20天组成)月底举行的仪式和祭祀。祭司是阿兹特克社会中受人尊敬的角色,他们享有与王室和贵族相似的待遇。

金字塔政治

阿兹特克社会是高度分化的,
国王在金字塔的顶端,奴隶在金字塔的底部

作者:威尔·劳伦斯

阿兹特克社会有严格的社会分层,国王在最上层,奴隶在最底层

阿兹特克社会的特点是严格的社会分层，整个社会完全由统治阶级主导，国王位居金字塔的顶端。国王几乎要对国家内部的一切事务负责，无论是宗教仪式，还是战争和社会治理，甚至是街道清洁、舞蹈和仪式游戏。与此同时，有关这些国王的历史记载充满了阴谋、暗杀、家族野心、世仇和征服。

阿兹特克国王统治着遍布于墨西哥山谷和周围高地的城邦。当西班牙人于1519年到达时，这些城邦中的绝大多数都处于阿兹特克帝国的控制之下，它们的社会结构和建筑特点都有明显的一致性。每个城邦都以王宫、神庙、金字塔和市场为中心，宫殿不仅是国王的家，也是行政中心、社会活动中心，还是当地的守护神的神像所在地。

由贵族组成的高级委员会从前任统治者的男性家族成员中选出新任国王，虽然通常会由兄弟或儿子继承已故统治者的王位，但有时也会有远亲从竞争中胜出，比如堂兄、侄子或孙子。新任国王往往会在最近的武装冲突中证明自己是一个勇敢的战士和战争领袖，人们通常会将其视为被阿兹特克最强大的神特斯卡特利波卡选中的人。经过一段时间的仪式和冥想之后，新任国王会被要求带队进行一次军事远征，去捕捉俘虏进行献祭。

国王过着奢华的生活，穿着最华丽的服装（手稿插图显示国王戴着尖顶王冠），食用最精致的食物。他拥有或至少控制了城邦内的所有土地，并从平民和贵族那里收取税款。作为特斯卡特利波卡的代言人，他负责主持宗教仪式和国家仪式；而作为战争首领，他负责指挥征服和防御战争，经常带领军队参加战斗。事实上，根据方济会修士和民族学家贝尔纳迪诺·德·萨阿贡（Bernardino de Sahagún）的说法，阿兹特克的统治者要负责战争、征服、死亡、歌唱、球类运动、市场、官员任免、与饥荒和瘟疫作斗争、保障对神的报答、守卫城市并清除污秽、清扫及召集战士。他还要解决所有无法通过司法程序解决的争端。

最后一点非常重要。在社会治理的过程中，阿兹特克人并非拥有绝对权力的专制暴君的臣民。在阿兹特克社会，由贵族组成的委员会负责听取平民之间的争端，并对这些问题做出裁决。皇家委员会也可以限制国王的权力，甚至可以在某些情况下废黜不称职或失败的统治者。人们认

▲ 蒙特祖马二世强化了分离贵族和平民的法律

▲ 阿兹特克统治者必须在战争中取得胜利。这幅画为庆祝伊茨考特国王的胜利征服而作

阿兹特克生活记载：《门多萨手抄本》
这份手稿中的第一幅图画揭示了阿兹特克帝国的社会结构

▲《门多萨手抄本》的卷首插画描绘了特诺奇提特兰城的建立

《门多萨手抄本》以受托编撰这本著作的总督的名字命名，该抄本创作于16世纪40年代，揭示了阿兹特克人的经济、政治和社会历史。这幅卷首插画（见左图）尤其适合用来审视阿兹特克晚期的社会生活。由鹰和仙人掌组成的中央图像代表了特诺奇提特兰城，两条交叉的蓝色线条将其划分为四个独立的部分。

在这四个部分中画有十个坐着的人像，他们显然出身高贵。其中有九人穿着白色长袍，他们的发型象征着他们作为勇士的英勇。还有一个人，通过他的肤色、他与一棵仙人掌的连接及他嘴里发出的讲话字形，我们可以判断出他是一个叫作特诺奇的人。这是1325—1375年在位的统治者特诺奇，他对国家宗教的重要性体现在他的祭司身份上——他的发型与周围的贵族武士不同，脸上还明显带有血迹。

军事成就和历史对这座城市的重要意义体现在卷首插画的底部。这里画有两个阿兹特克战士，他们穿着传统的衍缝盔甲，俯视着被征服城市的战败战士。他们背后的神庙图像显示了战争对这座城市的宗教生活有多么重要。

为，国王提左克（Tizoc）就是在战场上表现不佳后被王室成员暗杀的。一位早期的西班牙总督阿隆索·德·佐里塔（Alonso de Zorita）详细描述了阿兹特克的司法系统，并表明该系统旨在保护平民的权利。非专制统治的进一步证据出现在复杂但组织清晰的税收体系中，一个精心管理的系统记录了社会等级金字塔中平民和贵族向上缴纳的税款。

金字塔中处于国王下方的是贵族阶级，尽管他们只占总人口的5%左右，但他们拥有巨大的影响力，他们在社会中的地位受到法律的严格保护。他们的地位是通过世袭继承来保证的，社会流动性几乎为零。如果一个贵族的儿子出生在吉日，祭司们就会预言他将来会成为一个富有的人类领袖。如果一个平民的儿子在同一天出生，他所能期望得到的最好预言只能是成为一名成功的战士，为国王和城邦服务。与此同时，法律严格规定，只有贵族阶层才能拥有两层的住房、昂贵的珠宝和装饰精美的斗篷。虽然理论上城邦的全部土地都归国王所有，但国王会将大片土地分给出身高贵的家族，这些土地将会代代相传。

出身最高贵的家族被称为特库特利（tecuhtli），

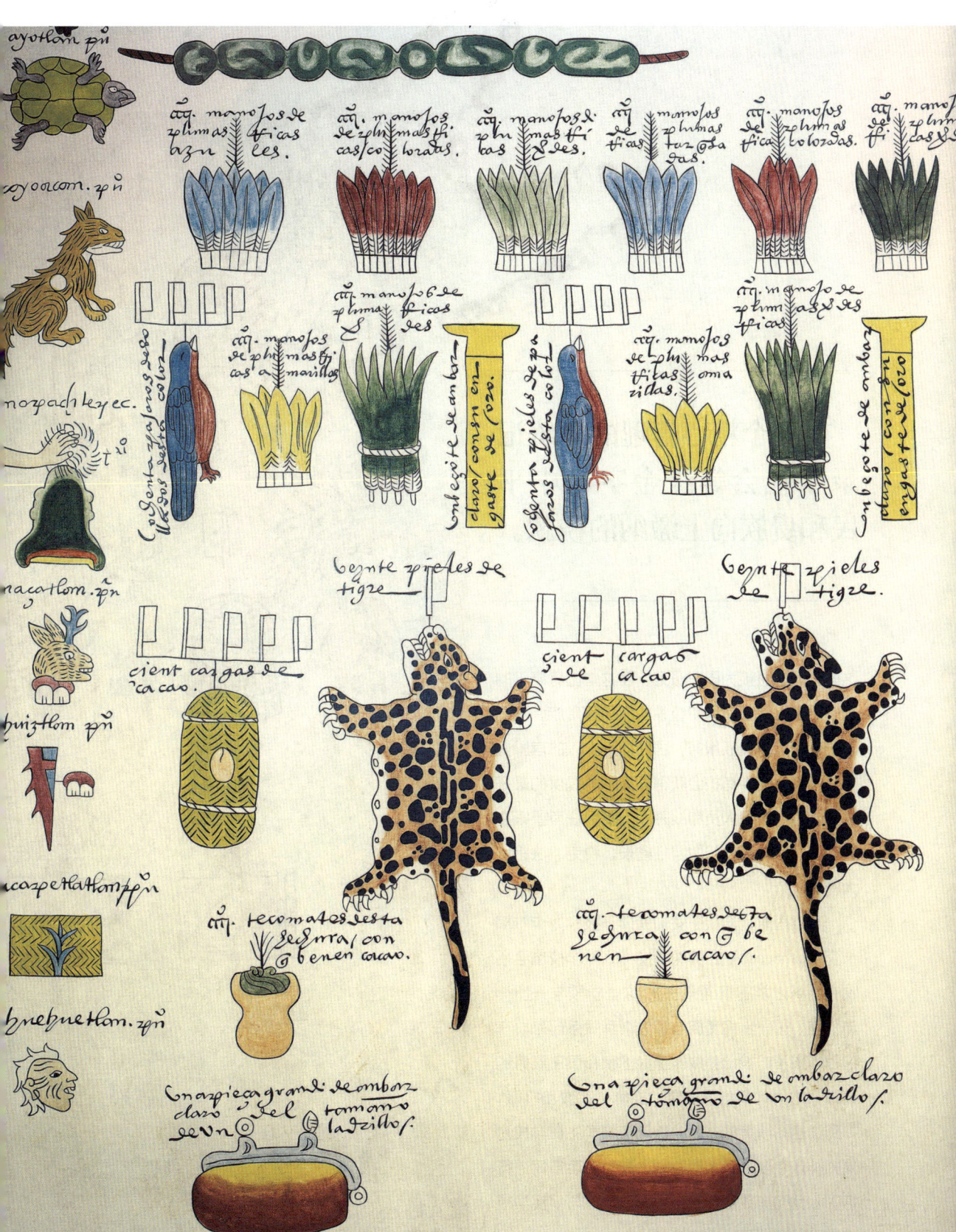

▲《门多萨手抄本》中记载的臣民向阿兹特克帝国缴纳的税款

> 一个精心管理的系统记录了社会等级金字塔中平民和贵族向上缴纳的税款。

这些人通常直接为国王服务。在这些出身高贵的贵族之下的是皮尔利阶级，或称次等贵族，他们为王室和上级贵族服务，居住在其主人的宫殿内部或附近。贵族有机会获得国家所能提供的最好的工作，在神职人员和战时军队中担任声望很高的职位，在民政部门中担任省长、税吏、法官和大使。

与此同时，贵族子女们就读于被称为卡尔梅卡克（calmecac）的特殊学校（此种学校也会招收有特殊才能的普通孩子）。这些学校与一座神庙相连，进一步将贵族与宗教崇拜联系起来。在这里，孩子们被培养成终身为国家和国王服务的高级人才。他们学习占星、战争、宗教和机械，并阅读插图精美的书籍。最年轻的学生在学校附属的神庙中度过了大量时间，作为新手祭司进行培训。他们毕业后会参加军事活动，与平民学校的学生一起学习战争的艺术。

所有女性的生活都以家庭为中心，包括那些

▲ 精致的阿兹特克服装和珠宝仅供社会等级金字塔顶端的人穿戴

▲ 贝尔纳迪诺·德·萨阿贡著的《佛罗伦萨手抄本》中的章节"阿兹特克社会：音乐家、国王和商人"

出身贵族的女性。尽管贵族女子不需要生产布料来纳税，但她们仍然把大部分时间花在织布上。对平民女子来说，织布是日常生活的关键部分，因为它生产了向领主支付租金和税收所需的宝贵纺织品。各个阶层的女性都扮演着重要的神职角色，一些母亲将自己的女婴献给寺庙，让她们为宗教服务一生。

平民是人数最多的社会阶层，绝大多数平民以农业或渔业为生。农闲之时，他们还需为领主做苦力或服兵役。事实上，所有平民都有义务定期用家庭生产的商品向领主缴纳税款，并放弃自己的时间来耕种领主的土地。与此同时，女性还需要放弃她们的时间来为领主打理家务。这些职责由领主的所有臣民共同承担，这些平民家庭实行轮班制度，以确保时间的公平分配。平民也为国家服务，参与大型建筑项目或在冲突期间服兵役，这个国家没有常备军。

大多数平民被组织在一起，组成团体或被称为卡尔普利的区。他们的土地由成员家庭共同耕种，尽管实际上每块土地都由一个家庭世代相传。有些平民不是卡尔普利的成员，只是专门负责在其领主的土地上耕作。

平民阶层中还有工匠和商人。如果足够幸运，他们可以通过有利可图的交易增加个人财富。城市里的平民也被划进卡尔普利，其中一些作为农民在周围的田地里劳作。许多城市居民以工匠为职，他们住在大市场附近，并且靠近国王或出身高贵的贵族，这些贵族为奢侈品提供了市场，种种便利条件使他们从中受益。虽然工匠和商人获得了巨大的财富，但他们永远无法跻身贵族行列。在阿兹特克帝国的中期，蒙特祖马一世创建了一个特殊的阶级——夸皮利（quauhpilli），以奖励那些在战斗中表现出色的人，但这一规则被蒙特祖马二世推翻，他坚持认为只有出生于特权阶层的人才能被视为贵族。

奴隶处于社会结构的最底层。没有人生来就是奴隶，奴隶父母所生的每个孩子都是自由的。奴隶也可以结婚并拥有财产。有些人被贬为奴是因为犯下了罪行而受到惩罚，但许多人是自愿成为奴隶的，他们因为无法养活自己或承担着巨额债务而卖身。通常，他们卖身所获得的财产能够支持其家庭至少一年的开支，之后他们将开始为主人服务。一旦男人或女人沦为奴隶，他们要么为领主工作，要么被放到市场上进行出售。女奴作为织布工和纺纱工尤其珍贵。奴隶身份并不是不可改变的，一旦债务还清，奴隶就可以赎回他们的自由。

贸易的世界

商人在阿兹特克帝国中扮演着关键角色

商人对帝国的扩张和维持至关重要，他们提供了一个无价的通信系统，分享他们在旅行中获得的信息。在战争结束后，通常由商人来评估被征服城镇或国家的应税潜力，以便制定未来的税收政策。商人之间也有等级之分，一些商人在一个小区域内作为当地商人流动，他们在一系列市场上交易玉米、辣椒、火鸡、盐、纺织品和可可。

比当地商人地位更高的是长途贸易商，即波切特卡，他们从帝国和大陆的遥远角落带回更多的异国商品。他们经常冒着巨大的风险，进入敌对地区或穿越充满危险和挑战的无人区。有时他们的成就被赋予巨大的价值，他们受到了对战士般的尊敬。这些商人经常扮演间谍或特工的角色，嗅探帝国内部潜在的动荡，或发现国土之上存在的不和谐因素，以供其管理者利用。

战争与帝国

阿兹特克人比他们的邻居强在哪儿？他们是如何建立一个非凡的帝国的？

108 蒙特祖马二世：阿兹特克帝国的最后一位统治者
119 阿兹特克帝国的征服之路

蒙特祖马二世：阿兹特克帝国的最后一位统治者

蒙特祖马二世对埃尔南·科尔特斯的欢迎促使阿兹特克世界发生了永久性改变

就在这位阿兹特克统治者欢迎埃尔南·科尔特斯进入特诺奇提特兰城的两年之后,他的帝国崩塌了

作者:多米尼克·伊姆斯

连接海岸和特诺奇提特兰城的长堤两侧簇拥着衣着华丽的贵族，他们对即将见证的会面既兴奋又不安。走在贵族们中间的是他们全能的特拉托阿尼——蒙特祖马二世，以及他的兄弟。他正迈着从容不迫的庄严步伐，走向一群他以前从未遇到过的访客，一群由埃尔南·科尔特斯带领的外国人。

这些人中的一部分来自大洋彼岸一个叫西班牙的王国，他们有的骑着阿兹特克人不认识的奇怪野兽，有的胸前闪闪发光——像是用金属做的。他们看起来已经做好了战斗的准备，但是蒙特祖马二世却把他们当作贵宾来接待。在一名作为翻译的当地妇女的陪同下，科尔特斯向东道主蒙特祖马二世赠送了一条威尼斯玻璃项链，并收到了一条黄金项链作为回礼，尽管他很快就熔掉了这条项链。欢迎仪式很成功，于是蒙特祖马二世让西班牙人进入了特诺奇提特兰城，但这在不知不觉中毁掉了他的城市、帝国、文明乃至遗产。

当西班牙人于1519年到达时，蒙特祖马二世已经统治阿兹特克大约17年。他被任命为统治者或特拉托阿尼时，帝国正处于巅峰时期。他聪明能干有冲劲，希望帝国能在自己的带领下进一步扩张。在其父亲阿萨亚卡特尔在位期间，蒙特祖马接受了战争、宗教、科学和艺术方面的教育，之后，在其叔叔阿维索特尔在位期间，他证明了自己的政治头脑和英勇的作战能力。

因此，在1502年举行了一场辉煌的加冕仪式之后，蒙特祖马二世开始大展身手。他积极参与行政管理，并在特诺奇提特兰城大兴土木，最引人注目的是他奢华的宫殿建筑群。他还使自己成为事实上的绝对统治者。他多次发起征服战争并获得成功，其领地也随之不断扩大。这意味着帝国能获得更多的贡品，但同时也引发了更多被征服民族的怨恨，当帝国因自己庞大的疆域而摇摇欲坠时，他们中的一些人向帝国发起了反抗。

蒙特祖马二世设法以军事实力和派遣数万人献祭的方式成功地控制了所有人。他总是虔诚地信奉诸神。他曾担任大祭司，并因此十分重视各种预兆，例如1509年观测到的那颗彗星。事实上，人们错误地夸大了蒙特祖马二世对预示着西班牙侵略者即将到来的征兆的恐惧程度。

当蒙特祖马二世第一次听说海上漂浮着巨大的"房屋"，屋中居住着脸色苍白的外国人时，他派遣卫兵到海岸上报告他们的活动。于是，他很快便听说了科尔特斯：这是一位雄心勃勃的探险家，率领一支探险队从西班牙占领的古巴出发，于1519年在距特诺奇提特兰城约200英里（约322千米）的地方登陆。他派遣带着黄金礼物的使者，不是因为相信科尔特斯是回归的羽蛇神，而是试图用贡品收买入侵者。按照中美洲习俗送出的黄金不仅没有发挥作用，反而助长了西班牙人的贪婪。

科尔特斯带着大约500名男子、100名水手和16匹马来到这里，成为这片土地上的新住民。他们在韦拉克鲁斯（Veracruz）建立了定居点，并准备在8月向特诺奇提特兰城进军。在前往内陆的路上，他了解到帝国统治下许多人对阿兹特克人的仇恨，在初次战斗之后，他说服了这些人支持他和他的征服者队伍。如果没有本地翻译拉·马林奇（La Malinche）的帮助，这一切都不可能实现。拉·马林奇接受洗礼成为玛丽娜

> 据估计，5年内有2000万人因西班牙人带到南美洲的疾病而死。

蒙特祖马二世之后

蒙特祖马受到诽谤，这两个人却被誉为民族英雄

奎特拉瓦克：第十任特拉托阿尼（1520 年在位）

当西班牙人到达时，奎特拉瓦克曾警告他的兄弟蒙特祖马二世不要让他们进入特诺奇提特兰城。事实证明，奎特拉瓦克是正确的，最终他被西班牙人监禁。愤怒和怨恨在城市中蔓延，一直到他于"悲痛之夜"被选为新的特拉托阿尼。奎特拉瓦克曾试图组建反西班牙联盟，但最终没能成功。他本可以取得更大的成就，但他只统治了 80 天，就像城中许多民众一样，因天花而死，虽然这种病毒的传播并非西班牙人有意为之，但它无疑是西班牙人最凶猛的武器之一。

夸乌特莫克：第十一任特拉托阿尼（1520—1521 年在位）

这位阿兹特克统治者同样从一开始就反对西班牙人，这也是他如此年轻就被选为领袖的主要原因。据信他当时大约 20 岁，在特诺奇提特兰城被包围的大部分时间里，是他领导着城中民众顽强抵抗。当失败已成定局，夸乌特莫克在乘独木舟逃跑时被捕。据称，当他被带到科尔特斯面前时，他指着自己的匕首，祈求自刎。然而他未能如愿，相反，他作为囚犯被关押了好几年。为了让他说出隐藏黄金的位置，西班牙人对他严刑拷打，将他的脚放在热煤上灼烤。他拒绝说话，科尔特斯最终将他绞杀。现如今，他因与无情的侵略者作战而闻名，他的巨大雕像矗立在墨西哥城两条主要大道的交会处。

▶ 墨西哥城的夸乌特莫克纪念碑。没人为蒙特祖马二世建造雕像

▲ 阿兹特克人为保卫特诺奇提特兰城及其神庙而英勇作战

（Marina），后来还成了他孩子的母亲。

对于科尔特斯来说，最重要的联盟是他与特诺奇提特兰城的宿敌特拉斯卡拉结成的联盟。特拉斯卡拉保证，当科尔特斯到达首都特诺奇提特兰城时，他将拥有一支数千人的部队。科尔特斯与特拉斯卡拉结盟的消息在某种程度上劝服了蒙特祖马二世，使他愿意于11月8日在堤道上热情地欢迎科尔特斯。对此，科尔特斯也欣然同意，因为他想和平地看看这座城市。蒙特祖马二世的一些官员，包括他的兄弟，反对让西班牙人进入这座城市，但蒙特祖马二世试图以此来避免一场战争，一场可能在他的人民中蔓延的战争。

蒙特祖马二世为科尔特斯和他的手下提供了靠近他宫殿的房间，亲自带他们参观了神庙、市场和花园，并与他们共度时光。贝尔纳尔·迪亚斯·德尔·卡斯蒂略对蒙特祖马二世做出如此描述："大约40岁，身高适中，身材匀称且苗条，皮肤不是很黑，尽管还是常见的印第安人肤色。他的脸很长，有一双漂亮的眼睛，总是乐呵呵的。他的外表和举止有时很亲切，必要时又很严肃和冷静。"然而，不到一周，外交活动就终止了。科尔特斯抓住了蒙特祖马二世，并囚禁了他和城内精英，同时西班牙队伍也控制了特诺奇提特兰城。

只要特拉托阿尼被扣为人质，阿兹特克人的优势就毫无意义。蒙特祖马二世同意成为人质，原因不得而知，据说他甚至与西班牙人保持友好关系，教他们玩游戏，带他们打猎，帮助他们囤

当地超过一半的西班牙人死于"悲痛之夜"

▲ 科尔特斯俘虏了蒙特祖马二世，从而控制了特诺奇提特兰城

积黄金。在积累财富的同时，科尔特斯的动机还包括将阿兹特克人从他们的"邪恶行为"中拯救出来，因为他看到了人祭的可怕。众神的雕像被摧毁，大神庙上甚至被安放了一个十字架。

特诺奇提特兰城的人民鄙视西班牙人的存在，并逐渐憎恨蒙特祖马二世的屈服。近8个月之后，科尔特斯对这座城市的钳制终于松动。他不得不带着大多数人返回海岸，以对付古巴总督为解除他的指挥权而派来的一支部队。古巴总督是科尔特斯的对手，最初他曾试图阻止这次远征。在特诺奇提特兰城中驻守的佩德罗·德·阿尔瓦拉多（Pedro de Alvarado）手下还有80名守军，但由于害怕起义，他决定先发制人，抢先向城中民众发起了鲁莽、无情的攻击。

在托斯卡特尔节期间，西班牙人屠杀了那些在神庙周围做礼拜、跳舞和唱歌的人。许多贵族成员被砍倒，"战士的鲜血像水一般流淌"。对此，阿兹特克人进行了报复。1520年6月，科尔特斯终于带着更多的人回到了特诺奇提特兰城，因为他说服了被击败的敌人加入他的队伍，并承诺向其提供黄金。然而此时，他发现西班牙人遭到了围困，处在饿死的边缘。

至于蒙特祖马二世，这位曾经伟大的半神统治者在他的首都已不再是一股活跃的力量，甚至无法决定自己的命运。关于他的死亡也有争议。根据西班牙人的说法，他被带到阳台上，试图平

这幅16世纪的肖像画呈现了一个风格化的蒙特祖马二世

▲ "神圣战争的特奥卡利",一个可能由蒙特祖马二世使用的火山石宝座

息局势,结果却遭到了石块的袭击,最终因伤势过重而亡。然而,阿兹特克人的记载表明,他是因再无可用之处而遭到了西班牙人的杀害。无论真相如何(后一种说法似乎更有可能),卡斯蒂略所谓"科尔特斯和我们所有的上尉及士兵都为他哭泣"的说法都似乎相当虚伪。

蒙特祖马二世的死将会带来更多的争斗。6月30日,受困的西班牙人遭到了猛烈的反抗,他们试图在夜幕的掩护下逃离特诺奇提特兰城,但最终被人发现。战士们出现了,西班牙人的逃亡变成了一场大屠杀。有些人掉入湖中,被拼命携带的黄金拖下水淹死了。当地超过一半的西班牙人在一夜之间死去,那一夜如今被称为"悲痛之夜"(西班牙语为"La Noche Triste"),同时死去的还有成千上万的特拉斯卡拉人和蒙特祖马二世两个被俘虏的儿子。传说,科尔特斯曾坐在一棵大柏树下,为自己的损失而哭泣。

然而,仅仅9个月后,科尔特斯就又集结军队,回到了特诺奇提特兰城。他还建造了12艘帆船,将其拆解成几个部分,运送至特斯科科湖,如此一来,他便获得了这片水域的统治权。围攻从1521年4月28日开始,持续了93天后,阿兹特克人终于投降了。他们的失败不仅仅是因为西班牙人的武器和战术优势,还因为欧洲疾病的广泛传播。对此,当地人没有免疫力,遭受疾病的重创,就连蒙特祖马二世的继任者和兄弟奎特拉瓦克(Cuitláhuac)也因欧洲疾病而死。最后一名人质夸乌特莫克(Cuauhtémoc)很快被抓获。特诺奇提特兰城彻底沦为废墟。

蒙特祖马二世没能活着看到阿兹特克帝国的灭亡,但他被视为最该为帝国灭亡负责的人。时至今日,他的名声在墨西哥仍有争议。往好了说,他给人的印象是优柔寡断、消极被动;往坏了说,他是投靠西班牙的通敌者。他的人民背叛了他,西班牙人则瞅准时机立刻出动,不给他留任何反应的余地。

不过,必须指出的是,西班牙人是胜利者,是得以书写历史的人。事实上,蒙特祖马二世留下的遗产要复杂得多。如此强大的文明在短短两年内分崩离析,究其原因,他只是一个替罪羊罢了。事实上,他是一个巩固了帝国的有为统治者,但他也注定要面对欧洲向美洲势不可当的扩张趋势,并向其低头。

▲ 羽蛇神是风与智慧之神,并不是指西班牙征服者

蒙特祖马二世认为科尔特斯是神吗?

这也许可以解释他为何赠与对方那么多黄金礼物

对于为什么蒙特祖马二世对埃尔南·科尔特斯表现得如此恭敬,最常见的一个解释是,他认为这位西班牙探险家是羽蛇神的化身。

据推测,西班牙人的到来与阿兹特克历法的第52个周期的结束相吻合,这可能是重大的破坏性事件的信号。也有预言声称羽蛇神将从东方归来。到目前为止,一切都被很好地联系在一起,然而这就是问题所在——这个故事过于简洁地将蒙特祖马二世描绘成一个迷信的人,并把科尔特斯描绘成了一个全能者。

这一说法在《佛罗伦萨手抄本》中得到了支持。书中描述了蒙特祖马二世第一次在特诺奇提特兰的堤道上与科尔特斯见面时,对科尔特斯所做的一次演讲,然而我们几乎可以肯定这次演讲从未发生。

没有确凿的证据表明蒙特祖马二世真的相信科尔特斯是归来的神。他的黄金礼物和亲切欢迎并不是因为害怕神的愤怒,而是为了彰显自身的力量和权力。这种说法可能是因他对宗教仪式的虔诚而产生的,但是历史学家认为,阿兹特克人自己可能助推了这种说法的传播,试图以此为他们耻辱的失败辩护。

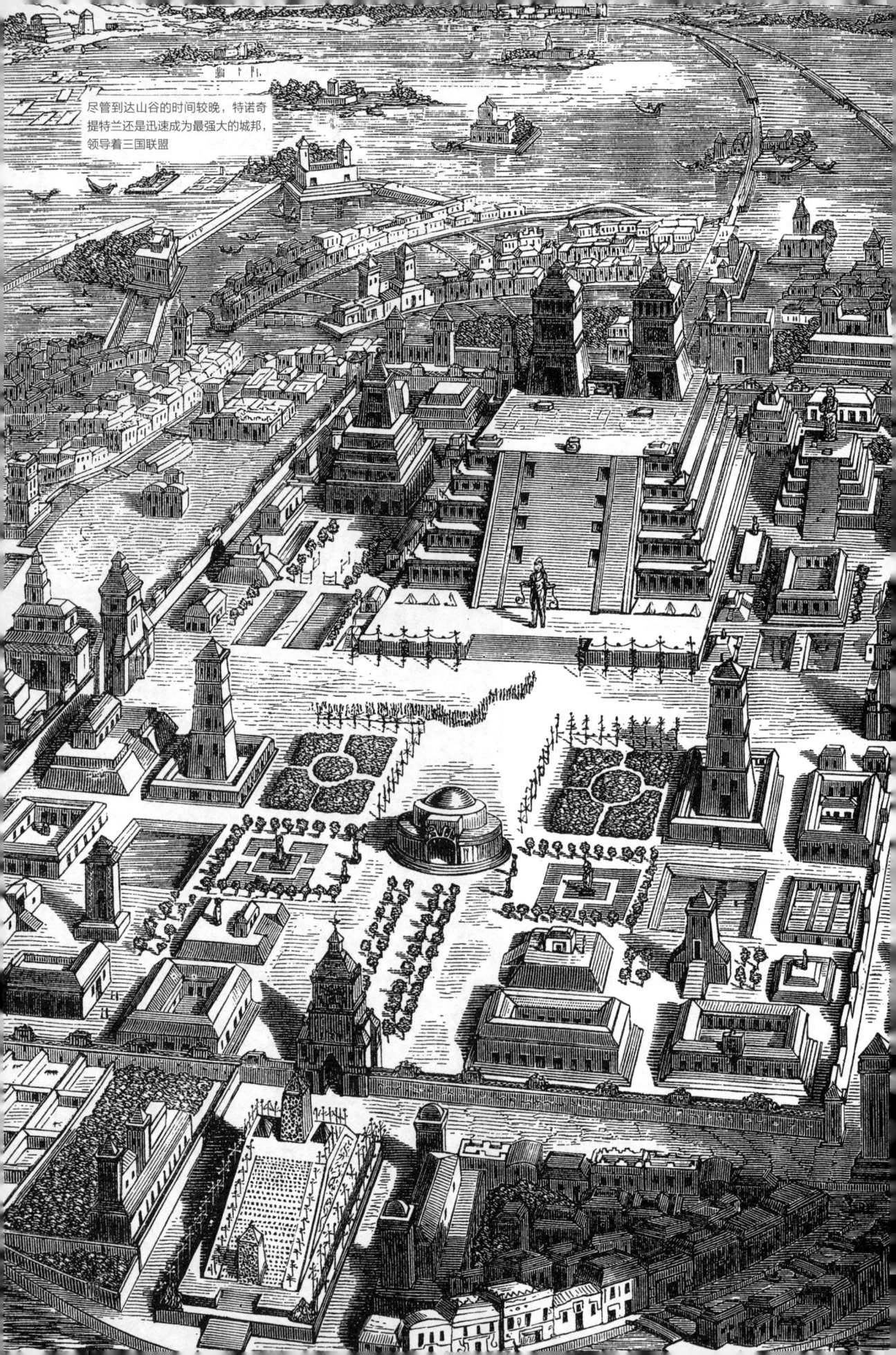
尽管到达山谷的时间较晚，特诺奇提特兰还是迅速成为最强大的城邦，领导着三国联盟

▲ 据称,阿兹特克人和他们的敌人塔拉斯坎人都存在活人祭祀和食人行为

阿兹特克帝国的征服之路

虽然阿兹特克人通过征服建立了一个强大的帝国,
但它只是一个纸牌屋

作者:哈雷斯·布斯塔尼

特诺奇提特兰城的墨西加人是墨西哥山谷的最后一批定居者之一,他们最初效忠于特斯科科湖西岸强大的特帕内克,帮助其征服新的城市,以对抗特斯科科湖东岸的阿科尔瓦城邦的威胁。然而,到1426年,特诺奇提特兰变得强大了。这个岛屿聚居地建立在肥沃的土地上,有大量的鱼、鸭、青蛙和藻类资源,同时,它还极易防守,且毗邻第二个贸易之城特拉特洛尔克,商人们会在这个市场上出售鹦鹉羽毛和珠宝等异国商品。

同年,反墨西加的马克斯特拉(Maxtla)篡夺特帕内克王位,暗杀了墨西加领导人,封锁了特诺奇提特兰城,并袭击了特斯科科。作为回应,特诺奇提特兰、特斯科科与特拉科潘联手围攻了特帕内克首都阿兹卡波茨尔科整整100天,赶走了马克斯特拉。被逼退到山间并遭到包围之后,特帕内克人向阿兹特克人提供了土地、房屋及农场,并定期进贡石头、石灰、木材、玉

▲ 一个石盒的底部，该石盒是用来献给雨神特拉洛克的，里面曾经存放着第八任国王阿维索特尔（Ahuitzotl）的骨灰

米、豆类、鼠尾草、辣椒和无限量的蔬菜。这三个获胜的城邦通过建立三国联盟，正式开启了征服模式，他们共同组成了中美洲有史以来最大的帝国。此后，三个合作伙伴不仅要分担征服的负担，还要分享战争的果实——贡品的五分之二归特诺奇提特兰所有，五分之二归特斯科科所有，五分之一归特拉科潘所有。

从特帕内克人手中获得了这一系列贡品之后，特诺奇提特兰城的特拉托阿尼伊茨考特将注意力转向了在特帕内克战争期间保持中立的南部山谷。盟军开始行动，占领了前特帕内克约阿坎镇（Coyoacán），然后控制了拥有利润丰厚的"奇那帕斯"区的霍奇米尔科和奎特拉瓦克，这两地相当于山谷地区的粮仓。现在，没有人可以反抗联盟的联合力量，并且联盟还有如此多的潜力未被开发，如此多的城市等待被征服。

随后，伊茨考特说服了特斯科科统治者内萨瓦尔科约特尔（Nezahualcoyotl）将目光投向山谷之外，越过南部的阿尤斯科山脉（Ajusco），进入现代的莫雷洛斯城（Morelos）。他们一起征服了库奥纳瓦克（Cuauhnáhuac）和瓦斯特佩克（Huaxtepec）这两个人口稠密的农业城邦。他们就这样继续着扩张。战败的领导人要么宣誓效忠阿兹特克帝国，要么被取而代之。通过这种方式，阿兹特克人稳步建立了一个拥有众多附庸国的帝国。虽然他们对被征服的领土几乎没有直接控制

> 在鼎盛时期，阿兹特克帝国的领土面积超过20万平方千米，人口为500万~600万。

权,但帝国要求被征服城市为阿兹特克军队提供士兵和后勤支持,以确保其永远无所不能。

在扩大了阿兹特克帝国之后,伊茨考特热衷于扩大墨西加人在帝国的影响力。他下令烧毁旧的历史典籍并重新编写历史书,以强调其子民的关键作用。在他死后,他的侄子蒙特祖马一世继位。新加冕后,蒙特祖马一世试图通过久经考验的建筑艺术来展示自己的力量。他开始在特诺奇提特兰城中建造第四座也是最宏伟的一座神庙。这座神庙是献给战神维齐洛波奇特利和风暴之神特拉洛克的,它将是一个建筑奇迹,同时也是一个对所有主宰宇宙中心之人的提醒。蒙特祖马一世要求山谷对面的所有城邦为其建设提供建筑材料和劳动力。然而,与米斯特克人和东纳瓦人结盟的盛产石头的查尔科城邦(Chalco)拒绝了。在内萨瓦尔科约特尔的帮助下,蒙特祖马一世征服了从未被征服过的查尔科城邦,这是他的第一次伟大胜利。

在接下来的10年里,在大祭司的建议下,蒙特祖马一世对他统治下的盟友进行了细致入微的管理,他用傀儡统治者取代了他们的国王,设立了新的行政职位,并在整个帝国范围内增加贡额。墨西加官员们每年收取四次贡品,此举削弱了传统的王朝势力,并有助于进一步增强墨西加人的权力。此外,蒙特祖马一世还开创了一套法典,仔细地控制着社会行为,并将掌权的贵族与接受命令的平民区分开来。平民禁止穿棉布衣服,违者处死,只有贵族和"英勇的战士"才被允许建造两层楼的房子。但同时,该法律也强调教育的重要性,要求所有街区都设有学校或修道院,以向年轻人传授宗教、战争和礼仪知识。至关重要的是,他还引入了夸皮利阶级,这使有才华的平民获得了一个难得的证明自己的机会,使他们能够凭借军事实力获得晋升。

1450—1454年,一场干旱在一定程度上阻碍了帝国的发展,这场干旱摧毁了山谷,迫使帝国开放皇家粮仓。等到降雨恢复正常时,已有数千人死亡。然而,1458年,蒙特祖马一世和内萨瓦尔约特尔再次联手,发起了一场进一步扩大领地的战役。为了避免与特拉斯卡拉地区强大的东纳瓦人发生直接冲突,他们先去重新征服了那些后来反叛或拒绝进贡的前领地,例如库奥纳瓦克。然后他们又向南推进,越过山脉,向墨西哥湾沿岸和今天的瓦哈卡(Oaxaca)挺进。阿兹特克人征服了北韦拉克鲁斯,获得了纺织品、可可、黄金、棉花、食物、热带鸟类的无价羽毛、异国贝壳和战士服装的定期朝贡。

1458年,一支由30万阿兹特克人组成的军

▲ 内萨瓦尔科约特尔从特帕内克人手中解放了特斯科科,之后,特斯科科城加入三国联盟

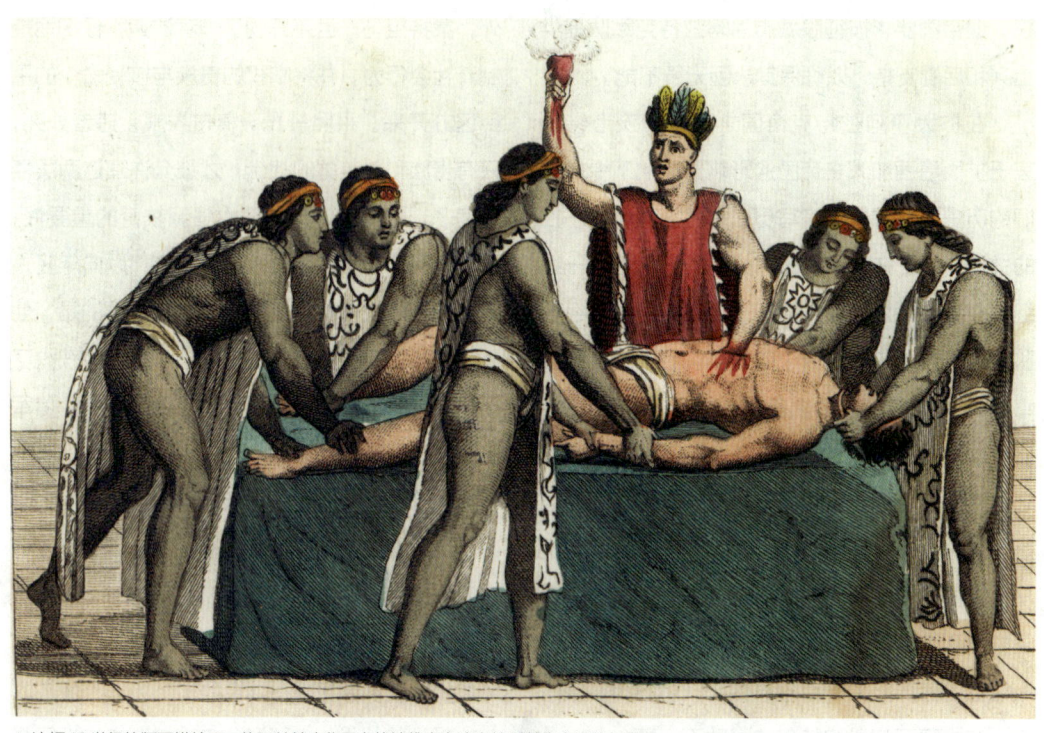
▲ 这幅19世纪的版画描绘了一位阿兹特克祭司向战神维齐洛波奇特利献祭心脏的场景

队向南行军800千米，到达了位于瓦哈卡州米斯特克王国的科伊斯特拉瓦卡城（Coixtlahuaca）。虽然米斯特克领主阿托纳尔（Atonal）发出了援助请求，但为时已晚。阿托纳尔被勒死，城市被攻陷，他的手下也在大神庙英勇牺牲。这是对瓦哈卡州和普埃布拉州其他城邦的残酷警告。奇怪的是，尽管墨西加人声称自己是在特斯科科人的一些微小的帮助下征服了这些领土，但从特斯科科人的角度来看，情况恰恰相反。不管怎样，到大约1469年去世之时，蒙特祖马一世已经大大扩展了阿兹特克帝国的疆土。

蒙特祖马一世的继任者阿萨亚卡特尔优先考虑巩固他新获得的领地，并将他的帝国政策，如朝贡制度，引入这些新区域。在其统治期间，保留了独立领导人的特拉特洛尔克厌倦了上贡并发动起义，这座城市恰似特诺奇提特兰城的孪生兄弟，十分富有。虽然阿萨亚卡特尔尝试采用经典的阿兹特克外交手段，将他的妹妹嫁给莫基韦克斯（Moquihuix，特拉特洛尔克的统治者），但后者对此并不满足，并恶劣虐待了他的妹妹。愤怒的阿萨亚卡特尔派一支军队就双方的地理位置向他的邻居发出提醒，他封锁了周围所有的道路，然后发动了一场血腥袭击，并占领了市场。莫基韦克斯躲进了当地神庙的庇护所，但阿兹特克人闯了进去，用棍棒打死了他，并拆毁神庙。之后，阿兹特克人洗劫了这座城市，并屠杀了当地居民。

在发出了一个非常明确的信号之后，阿萨亚卡特尔任命了一名军事总督，取代特拉特洛尔克被废黜的国王。特拉特洛尔克城中包罗万象的市场是当时中美洲最大的市场，控制该市场中所聚集的商人对阿萨亚卡特尔来说是一个巨大的成功。阿萨亚卡特尔还征服了西边的托卢卡山谷（Toluca），这是一个多民族的地区，是墨西哥

▲ 特拉维科尔（Tlahuicole），一位来自特拉斯卡拉的英雄战士。尽管阿兹特克人包围并孤立了特拉斯卡拉，但他们还是无法征服东纳瓦人

山谷和墨西哥西部的塔拉斯坎帝国之间的缓冲地带。回到首都后，他命人制作了太阳石，用来庆祝太阳、战争和帝国的征服。这是一个巨大的石盘，制作它所用的劳动力和材料来自特斯科科、特拉科潘和其他阿兹特克城邦。陶醉在成功的甘露中，阿萨亚卡特尔决定压上自己的全部，是时候与强大的塔拉斯坎人较量了。

塔拉斯坎人的权力结构和历史与阿兹特克人相似，他们是一个危险的邻居。由于缓冲区面积日益缩小，塔拉斯坎人早就对阿兹特克人的扩张计划产生了怀疑。为了确保邻国丰富的资源属于自己，阿萨亚卡特尔向塔拉斯坎人发出最后通牒——要么屈膝，要么毁灭。然而，故事并未朝着阿萨亚卡特尔所预想的方向发展，相反，在1478年左右，塔拉斯坎人向墨西哥中部高地派遣了一支4万人的军队，在那里，阿萨亚卡特尔和2.4万名阿兹特克战士正等待着他们的到来。双方发生了冲突，阿兹特克人遭受了毁灭性的打击，有2万人被杀或被俘，就连阿萨亚卡特尔也在暴力中受伤。阿萨亚卡特尔打道回府，

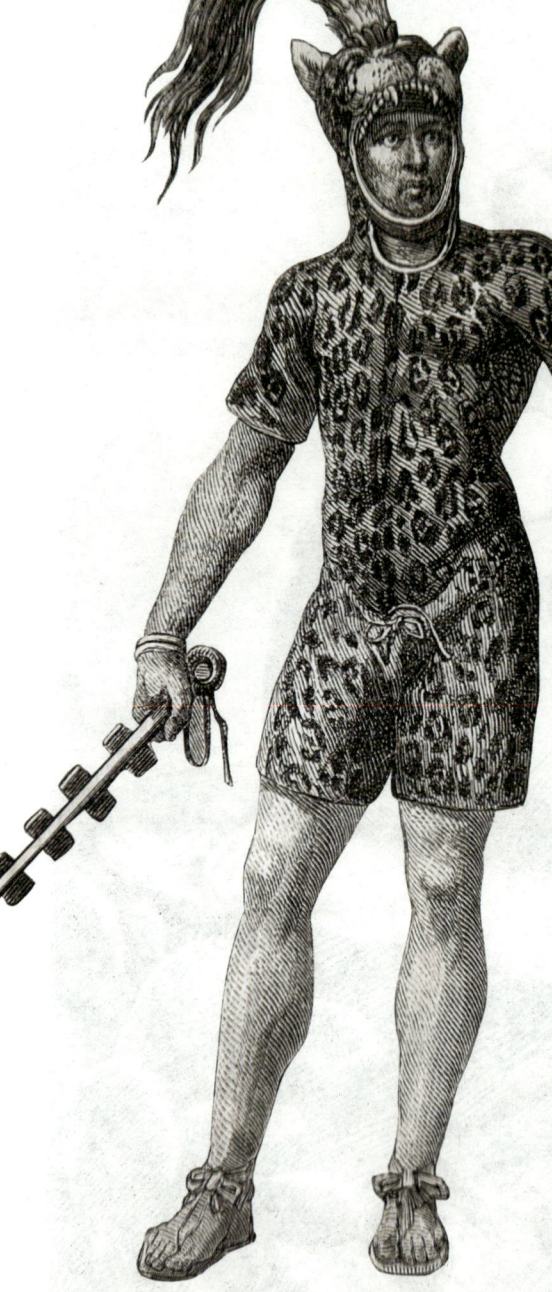

▲ 精锐的美洲虎战士在军事战役中发挥了关键作用，他们捕获敌人士兵用来献祭

> 严格来讲，帝国由联盟统治，但墨西加人掌握着主动权。

阿兹特克军队

阿兹特克人的战争是一场血腥的棋局,一种责任,充满了仪式感

阿兹特克人更喜欢活捉对手,而不是杀死他们。因此,战略在冲突中起着至关重要的作用,利用优势兵力包抄和包围敌人就是战略之一。为了做到这一点,他们在山上建立了一个指挥所,俯瞰敌人,每隔4千米就设置一个通信员,接力传递信息。为了进行快速的长距离通信,他们使用烟雾或日像镜传递信号。

战斗以相互辱骂、嘲讽和侮辱性的手势开始。投石手和弓箭手会在战斗开始时发动一次齐射,在撤退之前干掉对方的新手轻甲士兵。在此之后,一方或双方军队将伴随着传达将军动作的旗帜的挥舞、海螺的轰鸣及击打的鼓声,向对方发起冲锋。之后,他们将会陷入令人筋疲力尽的一对一战斗,每隔15分钟,或者在必要的时候,就会有一批新人和老兵进入战斗的中心。阿兹特克人不会强迫他们的敌人战斗到死,而是允许他们撤退。阿兹特克人只会在对手的防线被突破后追捕他们。

战斗是人祭受害者的一个丰富来源,因此,抓获最多敌人的士兵晋升最快,他还会被赐予受害者的尸体。在特诺奇提特兰城的大神庙,每年有多达1.5万人被献祭。在节日期间,青少年会在公开的模拟战斗中展示他们的技能,同时,被俘的敌人之间也会开展真实的角斗,以争取生存的机会。

▶ 一个背后有四支箭的盾牌是阿兹特克人战争的象征

他身后不是成千上万名可供献祭的敌人,而是他只剩六分之一的士兵。这是阿兹特克人第一次也是最后一次冒险与塔拉斯坎人正面交锋。

由于帝国活跃的贸易路线,不久阿兹特克人受辱的消息就传开了,帝国内叛乱四起。在位已久的特斯科科国王内萨瓦尔科约特尔去世之后,阿萨亚卡特尔得以利用权力真空,增加他在联盟贡品收入中的份额。虽然严格来讲,这个帝国仍由三国同盟统治,但很明显,墨西加人已经掌握了大部分的主动权。然而,在整个王国,不满的声音已经演变成

▲ 占领了南部城镇霍奇米尔科和奎特拉瓦克之后,三国联盟获得了肥沃的"奇那帕斯"(湖床花园)区域

一场地震,就连遥远的附庸国也站了起来,反对他们伟大的发言人,阿萨亚卡特尔似乎已经失宠于众神了。

3年后,阿萨亚卡特尔的兄弟提左克继承王位。提左克是一个不合格的领导人,对帝国贡献不大。1486年,在他死后,或者可能是在他被谋杀之后,他的兄弟阿维索特尔登上了韦韦特拉托阿尼(huehuetlatoani)的宝座,成为"最高发言人"。他的加冕典礼是一场毫无意义的盛大仪式,于第二年建成的宏伟的马约尔神庙也是如此。人们举行了为期4天的纪念仪式,许多人声称这是阿兹特克历史上最大的流血事件,数千人被献祭。

即使征服了一块领土,帝国也会让地方王朝自己统治,只要求他们宣誓效忠并进献贡品。从表面上看,这是一种互惠互利的关系,朝贡城邦不仅可以在遇到麻烦时向帝国寻求帮助,还可以进入阿兹特克的贸易网络。帝国还鼓励各省城镇之间开展贸易,赞助专业商人,保护集镇和贸易路线。将遥远而肥沃的地区相互联系起来,还有助于加速文化的发展。

然而,虽然帝国通过迅速扩张夺取了新兴邻国的领土,但这也造成了帝国的不稳定性,每当地方领袖决定停止进贡,便容易发生叛乱和冲突。重组军队后,阿维索特尔不得不立即返回墨西哥湾沿岸,镇压华克斯特克人(Huaxtec)的

贪得无厌的阿兹特克人对贡品的渴望引发了其无休止的扩张运动。

叛乱。有时,仅靠军事行动的威胁便足以平乱,但其他时候,三国联盟不得不出兵重新征服这些领土。

阿维索特尔煞费苦心地保住了自己的地盘,之后他曾试图绕过并包抄塔拉斯坎人,占领墨西哥南部的格雷罗海岸(Guerrero),赢得利润丰厚的贸易路线。另外,这位国王在与塔拉斯坎人接壤的边境上建立了一个附庸国网络,还在南部的奥兹托马(Oztoma)建立了一座堡垒,并派遣来自墨西哥谷的殖民者加强堡垒的防御。同时,他还通过将自己的女儿嫁给萨波特克国王,确保了与萨波特克人的联盟关系,从而使阿兹特克人获得了在萨波特克领土上的军事通行权。

作为一名亲自带领部下投入战斗的勇士国王,阿维索特尔认识到了军事实力的重要性,对表现出色的战士给予了慷慨的提拔,并将许多战士任命为鹰战士。他不仅将帝国推向了新的军事和金融高峰,也将墨西加人推向了新的高度,他从三国联盟的其他国王手中夺取了越来越多的权力。他用自己的部分财富在特诺奇提特兰城修建了第二条输水管道,为该市的6

塔拉斯坎人

虽然阿兹特克人从未与他们的西方邻居和睦相处,但他们有许多共同之处

像阿兹特克人一样,塔拉斯坎人定居在帕兹夸罗湖(Pátzcuaro)周围的高原盆地上。并且,他们也是从小的聚居点发展成为城邦的,情况在他们征服一个以首都辛祖坦为中心的帝国之后,才发生改变。然而不同的是,塔拉斯坎人通过强迫人口迁移和设立地区总督的方式直接控制了各个地方。他们也崇拜许多神灵,尤其是大地女神库劳阿佩里(Cuerauáperi)、太阳神库里考里(Curicaueri)和月亮女神萨拉坦加(Xaratanga)。

塔拉斯坎人也是金属加工大师。他们的先进技术使他们能够制造出由铜和青铜制成的高级盔甲和武器。阿兹特克人占领的一些外围城镇的人民以成为金属匠为荣,到帝国灭亡时,帝国正处于采用塔拉斯坎人的铜和青铜冶炼技术的关键时期,受塔拉斯坎人启发而生产的铜针、锥子和凿子也在那时进入了特拉特洛尔克市场。同样,出产于阿兹特克人控制的帕丘卡城的黑曜石刀片也流入了塔拉斯坎的市场,这表明尽管局势紧张,商人们还是频繁往来于两个国家之间,向平民出售原本无法获得的器具。

塔拉斯坎人也遭受了困扰阿兹特克人的外来疾病的摧残,这些疾病于1519年传播至塔拉斯坎首都,并于次年杀死了其统治者祖瓦加(Zuangua)。当西班牙人于1522年到达时,这个帝国正在遭受贵族和军事阶层的破坏,已经无力抵抗西班牙人的进攻。虽然它的领主保留了名义上的统治权,但在其最后一位领导人坦加苏安二世(Tangaxuan II)被西班牙征服者努诺·德·古兹曼(Nuño de Guzmán)处决后的几十年里,曾经的首都辛祖坦已开始衰落为一个不起眼的村庄。

一幅塔拉斯坎祖坦遗址中的金字塔神庙的鸟瞰图

▲ 塔拉斯坎弓箭手（右侧）向西班牙征服者及其特拉斯卡拉盟友屈服

万所房屋和 20 万居民提供足够的水源。然而，这导致了 1502 年的洪水，当居民们争先恐后地逃向安全地带时，阿维索特尔被一根散落的石头门楣击中身亡。

阿维索特尔死后，他的侄子蒙特祖马二世被任命为最高发言人。在某些方面，这位领袖是明智的：他经常乔装访问特诺奇提特兰城，向法官行贿并侦查项目，以确认他的命令是否得到执行。他也是一位杰出的将军，亲自领导了四十三次军事胜利。然而，与他的叔叔不同的是，他不希望被人喜爱，而是希望被人敬畏。他取消了鹰战士的职位，摧毁了驱使如此多有才华的平民向上晋升的阶梯，并为墨西加贵族保留了所有重要的政府职位。与此同时，他还屠杀了阿维索特尔时代的旧官员，用自己的支持者取代了他们。另外，他还让远方地区领导者的儿子们住进宫殿，实际目的是将他们扣为人质。

在继承了一个处于鼎盛时期的帝国后，蒙特祖马二世对帝国根基的粗劣之处进行了严厉的抨击。这是一个由严格僵化而差异巨大的阶级划分所统治的社会，国家宗教旨在向普通人灌输恐惧，普通人没有渠道也没有机会表达自己的意见。贵族比平民富裕得多，享有更多的基本权利，但帝国却是靠平民保护、供养和维持的。与发展相伴的是帝国人口的爆炸式增长，仅在14世纪，帝国人口就增加了5倍，到蒙特祖马二世统治时期，帝国已有数百万饥饿的阿兹特克人需要养活。然而，就算阿兹特克世界变得更为繁荣，平民也一定没有体会。相反，他们还要向远方的主人缴纳更高的税款，对许多普通人来说，这些主人只是通过强大的军事规模来获取权利。

贪得无厌的阿兹特克人对贡品的渴望引发了其无休止的扩张运动，这反过来又导致了对资金的更大需求，这些资金用以满足不断壮大的贵族，以及为军队提供补给。军队规模虽然足以平息叛乱，但不足以维持社会秩序的全面稳定。

蒙特祖马二世的第一批行动之一是重新征服遥远的领地，同时继续与阿科尔瓦以东说纳瓦尔特语的特拉斯卡拉人作战。像塔拉斯坎人一样，特拉斯卡拉城邦也从未被人征服。尽管阿兹特克人用一张附庸国网络包围并孤立了特拉斯卡拉人，尽管蒙特祖马二世曾经在无数次作战中似乎看到了胜利的曙光，但从未成功将其击败。但是，蒙特祖马二世确实占领了图图特佩克沿海的米斯特克州，并向东推进到了塔巴斯科（Tabasco）。

据说在蒙特祖马二世统治期间发生了许多预兆，埃尔南·科尔特斯和他的征服者队伍的到来将一切推向了高潮。对于最高发言人来说，在阿兹特克历史上最辉煌的宫殿里统治着帝国，使他很难看到局势的转变。尽管三国联盟实力强大，但对它的大多数臣民来说，它不过是个以压迫为威胁，利用其优越的权力勒索保护费的恶霸。阿兹特克帝国曾经将自己的至高无上视为理所当然，当西班牙人站在它的废墟上时，它的根基正在诉说着：尽管有神话、鲜血和庙宇，但阿兹特克帝国一直处于苟延残喘的状态。

◀ 蒙特祖马二世的统治被不祥的预兆所困扰，这预示着阿兹特克帝国灭亡的开始

✦ 鹰战士解析图 ✦

墨西哥中部，1428—1521 年

头饰
有羽毛的朋友或敌人
战士们的头饰看起来像一个鹰头，鹰嘴是张开的，以供战士露出眼睛，头饰上还装饰着鹰的羽毛。在阿兹特克神话中，鹰是太阳的象征，所以战士们把自己看作太阳的士兵。

长矛
专为强力投掷而设计
长矛尖端镶有锋利的黑曜石，这是阿兹特克人常用的远程武器。他们有时会用阿特拉托（atlatl）投掷长矛，这是一种钩在长杆上的装置，可以作为杠杆，为武器提供更多动力，以使武器以更快的速度投掷出去。

盾牌
战斗中的彩绘保护装置
每个鹰战士都有一个被称为切玛利（chimalli）的小圆盾，它由木头和扭曲的植物纤维制成，上面还装饰着五颜六色的彩绘图案和鹰羽毛。战士们使用皮带来携带这种盾牌。另外，一些士兵还会使用厚棉花制成的盾牌，这种盾牌可以在行军时卷起来携带。

盔甲
可以保持凉爽的坚韧纺织品
阿兹特克盔甲，被称为依奇卡胡伊皮利（ichcahuipilli），由棉花和黄麻混纺而成，厚度只有一两厘米。在墨西哥温暖的气候下，它轻便透气，但也足够坚韧，可以抵御黑曜石剑、弓和矛的攻击。

首饰
收到嘉奖的士兵的福利
鹰战士是阿兹特克社会的高级成员，因此被授予某些特权。例如，他们可以获得免税土地，可以包养情妇，可以佩戴普通大众无法获得的高级珠宝。

马克胡特
一种双面武器
这种受欢迎的阿兹特克武器是一种扁平的木棍，两侧固定着由一种黑曜石火山玻璃制成的刀片。它给了战士们选择的机会，他们可以用钝面伤害敌人，捕获敌人作为祭品，也可以用锋利的边缘给予敌人更致命的打击。

凉鞋
穿鞋特权和被皮革裹住的腿
普通的阿兹特克公民不允许在皇家宫殿里穿棉质衣服或凉鞋，但鹰战士可以。在战斗中，除了穿上皮靴，他们还会用额外的皮革条覆盖腿部以增加保护，这种皮革条被称为"护胫"。

特尔波奇卡利学生的一天

训练中的战士生活很艰难
墨西哥中部，1428—1521 年

对于下层阿兹特克公民的儿子来说，服兵役是强制性的，他们的训练由名为特尔波奇卡利（Telpochcalli）的学校提供。每个卡尔普利或城区都至少存在一个特尔波奇卡利学校，他们的工作人员由有成就的老兵担任，其年龄通常只比学生稍大一点。男孩们从15岁起就在这些学校接受训练，在此之前他们在家中接受父母教育，在这里，他们将通过艰苦的劳动和残酷的惩罚来学习纪律、勇敢和尊重。如果他们能够作为战士取得成功，他们的社会地位就会提高，甚至他们自己也会成为教师，为阿兹特克帝国的未来做出贡献。

▶ 建筑项目促进了团队合作，同时也促进了这座城市的发展

1 开始工作
学生们的一日从早上洗冷水澡开始，之后他们需要做一些家务，比如扫地、打扫卫生和种地，这些家务主要是为了教会学生们遵守纪律。然后，学生们需以团队的形式开展工作，工作内容为建造和修理渡槽、运河及其他城市基础设施，这是学校激发学生合作意识、增强学生公民责任感的一种方式。

2 提举重物
每天，学生们必须从附近的森林里收集柴火和树枝，然后运回学校以供取暖和装饰。随着年龄的增长，男孩们需要背负的东西越来越重，这有助于增强力量，为他们向战场上运送重型物资和武器打下基础。

3 作战训练
经验丰富的战士负责向男孩们教授武术，并向他们展示如何使用长矛、箭和马克胡特（一种阿兹特克剑）等武器。如果这位老兵上了战场，他的学生们将在战场上充当他的徒弟，起初他们只负责帮他搬运装备，但最终要帮助其抓捕战俘。

▲ 模拟战斗是战士训练计划的一部分

模拟作战

被允许完全独立参与战斗之前,学生们要先在模拟战斗中练习技能。这些模拟战斗有时是作为宗教节日的一部分举行的,那时男孩将面对在战争中被俘的敌方囚犯。其余时候,这只是学生之间的一种比赛,比赛的获胜者将获得食物和礼物作为奖励。

找一个担保人

当一个男孩离开学校的时候,他就已经是一名战士了,但他仍然不能独自战斗。首先,他必须找到一个担保人,一个能陪他参加第一场战斗的老兵。父母会用食物、饮料和礼物来贿赂这些老兵,让他们照看自己的儿子,所以通常家境富裕的男孩能够在战争中取得更大的成功。

挨打

特尔波奇卡利学校的规矩非常严格,任何违反规则或逃避训练的人都会受到严厉的惩罚。例如,被发现酗酒的学生可能会被殴打甚至绞死。即使是老师也会受到惩罚,如果他们行为不端,他们的贵重物品会被没收,头发也会被剪掉。

吃饭和洗澡

学生们必须回家吃饭,因为特尔波奇卡利学校不提供餐食。吃完饭后,他们会回到学校继续训练,然后在日落时分举行晚间仪式。仪式包括很多内容,他们需要先洗个澡,然后把全身涂成黑色,穿上网眼斗篷,戴上领圈,然后生火。

唱歌跳舞

日落之后,学生们会聚在一起唱关于神、战士和文化英雄的歌曲,并围着火跳舞直到午夜。这让他们在精神上进一步团结,提高了他们的敏捷性,增强了他们在战斗中进行肉搏战和部队转移所需的协调能力。这是他们唯一的娱乐方式。

战士按照从普通人到搬运兵、再到贵族士兵的等级顺序晋升

▲ 5年后,学生们作为战士从特尔波奇卡利学校毕业

阿兹特克帝国的衰落

沿着一个百年帝国灾难性垮台的脚步，
看看接下来发生了什么

137　埃尔南·科尔特斯
143　科尔特斯 vs. 蒙特祖马二世
157　入侵之后

埃尔南·科尔特斯

臭名昭著的 16 世纪西班牙探险家埃尔南·科尔特斯
的冒险经历和他对美洲的野蛮征服

作者：克里斯·芬顿

1521 年，当埃尔南·科尔特斯漫步于火光中的特诺奇提特兰城时，他高兴极了，他做到了。他挨过了丛林、炎热，成功应对了充满敌意的当地人和西班牙的愚蠢官僚。他占领了中美洲，摧毁了阿兹特克人的帝国，为西班牙的荣耀，当然也为他自己，开辟了美洲的奇迹。在阿兹特克井然有序、建筑先进的大道上，人们掠夺当地的贵重金属。对此，他不屑一顾，只将其视为战争带来的财富，这是一场以其为胜者的战争。他的队友摧毁了一个奇怪的当地神像，并迫使周围的人向基督教十字架鞠躬。他认为自己是在为上帝效劳，在他身负这项光荣的重任的同时，他还为自己大捞特捞。对特诺奇提特兰城的围攻代表了科尔特斯在新大陆的血腥生涯的巅峰，在他无休止地追求财富和荣耀的过程中，他摧毁了许多城市，屠杀了成千上万的无辜者。

历史上找不出几个像科尔特斯那样贪得无厌的人。他一心要发财。他不满足于在西班牙宫廷中过着平静的生活，听着没完没了的争吵，也不满足于在西班牙临时社区

> 哥伦布是第一个把可可豆从新大陆带回来的人，但科尔特斯是发现可可豆可以制成饮料的人。

▲ 在科尔特斯生活的时代，西班牙处于欧洲政治的中心，是世界上最重要的殖民国家

埃尔南·科尔特斯时代的生活
西班牙——世界第一超级大国

在科尔特斯生活的时代，西班牙的实力是欧洲的任何地方都无可匹敌的。这是一个建立在帝国引擎上的国家，美洲殖民地的唯一作用是充实西班牙国王、神圣罗马帝国皇帝查理五世的国库，查理用这笔钱扩大了他的影响力，使西班牙成为欧洲的关键角色。

宗教统治

在欧洲宗教改革之前，天主教是欧洲大陆的主要宗教。那时根本不存在所谓的宗教宽容，要么是天主教徒，要么是亵渎者。任何否认上帝话语或基督教信仰的人都会受到严惩。西班牙还将天主教传播到了它的殖民地，使其成为中美洲和拉丁美洲的主要宗教，甚至一直延续至今。

神秘的未知之地

虽然探险在这一时期成为一个繁荣的行业，但美洲西部和亚洲东部的大部分地区尚未有人涉足。虽然欧洲探险家可以追踪海岸线，并与一些生活在海边的土著居民取得联系，但他们的人数还不够多，无法在海岸线以外的大片陆地上进行持久的探索。

绝对权力

科尔特斯时代不存在我们所知的民主，欧洲由专制君主铁腕统治。这被视为一种美德，因为统治者是由上帝而非人民选定的。任何质疑这种等级制度的人不仅是在反对他们的统治者，也是在反对上帝和神权。

彬彬有礼的绅士们

在科尔特斯时代，正是皇家宫廷的绅士们推动了欧洲大国的发展。然而，仅有职位是不够的，还必须表现得彬彬有礼，并且言行举止时刻保持高尚和虔诚。任何不这样做的人都会被逐出宫廷。他们通常会被驱逐到殖民地，远离权力的中心。

中过着缓慢乏味的生活。1501年，他因感到无聊而从萨拉曼卡大学（Salamanca University）退学，之后，他的家人认为他"调皮捣蛋、爱争吵、是个麻烦精"，唯恐避之而不及，他决定自己出去闯闯。他去了西班牙的港口城镇，那是个包罗万象的野性都市，在那里，他得以在充满异国情调的、诱人的贸易社区中重塑自我。他一边听着从新大陆回来的水手和征服者讲述奇妙机遇，一边享受着他们的乐趣——主要是沉迷女色和赌博。他们用无尽的荣耀和财富、源源不断的异国美女，以及在遥远大洋彼岸的原始土地上留下不朽遗产的机会，不断地刺激着他。他痛下决心，他将前往这片未开发的土地，投身于竞争激烈的探险事业。带着这样的想法，他于1504年出发前往圣多明各（多米尼加共和国），当时他刚满19岁。

科尔特斯在新大陆的早期职业生涯是野蛮且极具破坏性的。他花了7年时间与西班牙征服者一起征服了古巴的土著人，在西班牙人和土著人中赢得了极大的声誉。但是这些成功并不能满足他对财富的永无止境的渴望。他听说在美洲大陆的某个地方有一座大城市。那是一座铺满黄金的城市，一座可以让他发家致富的城市。他迅速召集了一支远征队，并请求圣地亚哥总督批准他远征探险。他先斩后奏，在这次探险被批准之前就扬帆起航，他要发财了。

科尔特斯到达美洲大陆之后，很快获得了阿兹特克领地上土著部落成员的信任，作为一名狡猾的谈判者，他的谈判技巧突破了文化和语言的障碍。他意识到阿

科尔特斯和他的队员来到了一个让他们惊叹不已的地方——特诺奇提特兰城。

兹特克人控制了该地区的大量财富，他们也因此被该地区的许多部落所憎恨。他感觉自己可以招募人手来帮助他实现抱负，于是他进行了一些交易，以此来赢得支持，其中便包括一个奴隶女孩马林奇，她是塔巴斯科沿海部落送给他的礼物。西班牙人称她为多纳·玛丽娜，爱黄金更爱女人的科尔特斯对她的美貌和翻译能力非常满意。他们之间很快就建立起了亲密关系，这段关系贯穿了他在美洲的整个冒险历程。

在丛林中跋涉了几个月后，科尔特斯和他那群来路杂乱的队员发现了一个让他们叹为观止的地方——特诺奇提特兰城。他们看到的不是以前部落里那种简单的茅屋和森林住所，而是"一座建在水里的石头城市，看起来就像一个被施了魔法的幻象……我们的一些士兵问这是不是一场梦"。在最初的热烈欢迎之后，阿兹特克统治者蒙特祖马二世开始对科尔特斯产生敌意，尤其是当科尔特斯手握越来越多的阿兹特克宝藏的时候。由于担心蒙特祖马二世会阻止他，科尔特斯决定剪断这位阿兹特克领袖的羽翼。他把蒙特祖马二世囚禁起来，并说服他做西班牙人的附庸，在玛丽娜的关键影响下，蒙特祖马二世将城市的控制权交给了科尔特斯，但这只是危机的开始。

不服从命令、未经允许结成联盟、偷窃宝藏、在别人的国家横行霸道，这些行为很难逃脱西班牙当局的注意。1520年，西班牙派出一支部队前往美洲逮捕科尔特斯。科尔特斯不是一个会被法律问题，尤其是涉及金钱的法律问题所打败的人，他离开特诺奇提特兰城，留下傀儡蒙特祖马二世替他统治，并会见了到来的西班牙征服者。经过一些试探性的谈判，在得到了每个人都能获得足够战利品的保证之后，被派去逮捕科尔特斯的士兵加入了他的队伍。

然而，当他回到特诺奇提特兰城时，阿兹特克人却开始反抗他，因为他的军队在一个节日中屠杀了一些阿兹特克神职人员。科尔特斯没有足够的人手来平定叛乱，且遇到了食物短缺的问题。他果断采取行动，把蒙特祖马二世推向了愤怒的群众，据一些人说，蒙特祖马二世被人用石头砸死了。随后，科尔特斯尽可能多地抢夺战利品，集结部下杀出了这座城市。这是历史上最严重的一次劫掠，科尔特斯的手下携带了太多的黄金，导致他们在试图逃跑时从环绕城市的湖泊上的脆弱桥梁上掉了下来。许多征服者都

> 在后来被称为墨西哥的地方登陆之后，科尔特斯凿沉了他的舰队，以提醒他的船员，我们没有回头路可走。

在这个被称为"悲痛之夜"的夜晚淹死了，科尔特斯发誓他会回来夺回这些战利品。

在接下来的六个月里，科尔特斯运用高超的谈判技巧从加勒比地区拉来了援军，并与当地部落建立了更多的联盟，拥有了数千名当地战士。他还带来了一个看不见的盟友：天花。他的一个手下在离开特诺奇提特兰城之前把它传给了阿兹特克人。当阿兹特克人忍饥挨饿、饱受天花脓疱之苦的时候，科尔特斯开始用四个月的时间，一栋接一栋地摧毁这座城市，对城中民众进行系统性的残酷屠杀。当阿兹特克人最终投降时，他带走了他们的新领袖夸乌特莫克，并对他进行了惨无人道的折磨，以找出这座城市中其余宝藏的藏匿之处。经过数月令人筋疲力尽的战争之后，科尔特斯对自认为其应得的奖赏势在必得。

数百年来，伟大的阿兹特克帝国一直是中美洲最先进的社会之一，如今它变为了燃烧的废墟。从这时起，这个国家被称为新西班牙，科尔特斯自诩为领导人，但他一定猜想过西班牙不会允许像他这样的人留在这个权力巨大、政治敏感的位置上。当查理五世授予他应得的头衔和金钱之后，他被召回西班牙，接受他因持续违反国家命令而受到的惩罚。然而，他洗清了自己的罪名，并继续探索世界，他认为自己可以找到另一个特诺奇提特兰城来赚更多的钱，但他失败了。在发生了更多不服从事件之后，他被永久性遣返回西班牙，用他自己的话说，那时他已"又老又穷，还负债累累"。

科尔特斯的热情、对荣耀的激情和对摆脱主流社会束缚及致富的渴望鼓舞了他的部队和被他说服支持他远征的人们。对美洲土著人来说，他可怕无情，就像神话中的魔鬼，所到之处遍地都是死亡和毁灭。对科尔特斯自己来说，他是一个总能做得更好、变得更富有、生活得更奢华的人。到1547年去世之时，他的宏伟计划还没有实现，因为他最终回到了他开始的地方——在西班牙的省份，过着默默无闻的乡绅生活。

决定性时刻
科尔特斯与多纳·玛丽娜相遇
1519 年
科尔特斯遇到了马林奇，她受洗后被称为多纳·玛丽娜。当他的探险队深入内陆时，她成了他的翻译，提醒他来自组成阿兹特克帝国的各种部落和派别的潜在危险。她最终成了科尔特斯的情妇，两人育有一子——马丁。

时间线

1485 年
埃尔南·科尔特斯的诞生
埃尔南·科尔特斯出生于麦德林，父亲是马丁·科尔特斯·德·蒙罗伊，母亲是多娜·卡特琳娜·皮萨罗·阿尔塔马里诺，这是一个等级相对较低的贵族家庭。
1485 年

大学辍学
科尔特斯的父母曾希望他成为一名律师，但科尔特斯决定放弃学习法律，回到家中，这让他的父母感到憎恶和沮丧。
1501 年

新大陆
在无数国外故事的诱惑下，科尔特斯离开西班牙前往新大陆，他最初的目的地是圣多明各，即今天的多米尼加共和国。
1504 年

美洲大陆
科尔特斯离开圣地亚哥（古巴），扬帆前往美洲大陆寻找财富、名誉、冒险和未知。他的做法没有得到西班牙当局的任何许可。
1518 年

第一个殖民地
科尔特斯在美洲大陆的海岸上建立了他的第一个殖民地，并将其命名为韦拉克鲁斯。之后，他便深入内陆，穿过未知和危险的丛林，寻求更多的财富和宝藏。
1519 年

> 被赶出特诺奇提特兰城之前，科尔特斯的人在城中留下了天花病毒，这最终彻底摧毁了这座城市。

决定性时刻
科尔特斯发现特诺奇提特兰城
1519 年

科尔特斯和他的一小队征服者发现了阿兹特克帝国的心脏城市——特诺奇提特兰。这是一座建在湖上的城市，它有宏伟的林荫大道、巨大的神庙和大型露天市场，这些建筑全部由石头建成。他们被视为神，科尔特斯抓住这个机会迅速拿走了他能在城中找到的所有金子。然后他俘虏了阿兹特克统治者蒙特祖马二世，强迫他成为西班牙的附庸。

决定性时刻
特诺奇提特兰城被摧毁
1521 年

经过几个月的攻城战，特诺奇提特兰城被摧毁，最终只剩下原来的四分之一大小。当科尔特斯最终攻陷这座城市时，它的居民正因饥饿和天花而丧命。将近 24 万阿兹特克人死于围攻。科尔特斯将特诺奇提特兰城重新命名为墨西哥城，并在阿兹特克领土的剩余部分建立了新西班牙省。曾经的阿兹特克不复存在。

阿兹特克叛乱
在与一群被派去逮捕他的西班牙人谈判之后，科尔特斯回到了特诺奇提特兰城，发现阿兹特克人已经背叛了蒙特祖马二世。他被迫迅速逃离这座城市。
1520 年 6 月

毁灭性疾病
特诺奇提特兰城的阿兹特克人开始感染天花，由于对欧洲疾病没有抵抗力，天花残忍地蹂躏着当地居民。
1520 年 7 月

特拉斯卡拉领地
科尔特斯和他那支已经破败不堪的军队到达了特拉斯卡拉部落，他们几个月前就和这个部落成了朋友。科尔特斯开始重建部队，准备对特诺奇提特兰城进行最后的攻击。
1520 年 7 月

被召回西班牙
在战场上的成功为科尔特斯在国内树立了敌人，因政治阴谋，他被赶下了新西班牙总督的位置。一年多后，他被召回西班牙，接受包括不当行为和谋杀在内的指控。
1528 年

加利福尼亚半岛
成功捍卫了自己在西班牙的地位后，科尔特斯回到墨西哥，重整旗鼓并接受委托进行了一次探险，希望找到一条通往太平洋的路线。然而，他却发现了加利福尼亚湾。
1535 年

未完成的雄心壮志
在失去了大部分财富之后，科尔特斯被迫返回西班牙。1547 年，他试图登上一艘回墨西哥的船时，在贫困中死去。
1547 年

科尔特斯 VS. 蒙特祖马二世

中美洲最强大的文明是如何被一个受黄金和财富欲望驱使的西班牙征服者压垮的

作者：罗宾·布朗

埃尔南·科尔特斯熟知危险：他在旅途中遇到过汹涌的大海，遇到过想要杀死他或者流放他的人。他大胆地将古老的墨西哥据为己有，这让他与昔日的朋友，离他最近的西班牙殖民地——古巴的总督发生了直接冲突。在前往强大的阿兹特克帝国首都特诺奇提特兰城的路上，他面临着各种情况，这条路漫长、艰难甚至致命。

在蒙特祖马二世的统治下，特诺奇提特兰城是阿兹特克帝国的权力中心，从东海岸延伸到西海岸，统治着大量的土著人民。阿兹特克人控制着广阔的领土和丰富的矿产资源、重要的战略海岸线和无数的奴隶，利用由于蒙特祖马二世的间谍网络监视着效忠于阿兹特克统治者的各种土著群体。为了征服阿兹特克人，科尔特斯必须战胜这片大陆上最可怕的士兵。

1519年2月从古巴起航后，4月，科尔特斯的远征就遇到了大麻烦。他的部下对向内陆挺进数百英里的目标感到不满，这显然与他们最初的交战条款相矛盾，他们公开讨论兵变，希望从临时基地回到相对舒适的古巴，这个临时基地就是后来的韦拉克鲁斯港。然而，他们的领导人为了到达尤卡坦半岛，已经从里到外地抵押了他所拥有的一切。没有什么能阻止他向特诺奇提特兰进军，去争取他认为属于自己的财富、权力和命运。为了达到这个目的，科尔特斯采取了最大胆的行动。

阿兹特克战士

戴上头饰
战士们的服装反映了他们所属的军事团体。战士所获得的荣誉越多,衣服就会装饰得越华丽。美洲虎战士会将整张美洲虎的皮穿在身上,鹰战士身上会以大鸟的羽毛作为装饰。

致命镖
阿特拉托是一种长镖装置,安装在较长的木头上,通过翻转运动推进,速度和射程可达180米。它们比箭更坚利,速度更快,对其他土著人具有致命性打击,但对西班牙装甲部队的作用有限。

棍棒打死
马克胡特是一种近距离武器,由橡木制成,镶有燧石或火山岩,用于近距离的棍棒击打或砍劈动作。据说它坚利到足以将一匹马一击斩首。

科尔特斯知道,如果他的舰队停留在韦拉克鲁斯,他的人有可能反叛并逃回古巴,他的征服和财富梦想将会戛然而止,因此他凿沉了他的整个舰队——实际上是摧毁了他与西班牙殖民地、补给和增援部队的唯一联系。意识到他们被困在一个充满敌意的遥远土地上时,征服者们心中充满了恐惧,但科尔特斯很坚决,告诉他们要相信他,但如果他们愿意,也允许他们乘坐唯一的返航船回家。没有人愿意回家,因为他们被科尔特斯的雄辩和大胆说服。随着这场难以置信的赌博的成功,科尔特斯未曾料到,他在确保远征成功的同时,也摧毁了著名的阿兹特克帝国。

作为彼时地球上最强大的国家之一,在16世纪早期,科尔特斯所属的国家西班牙就已经对中美洲

特诺奇提特兰城
这座城市依靠通往北面、南面、西面的堤道与大陆相连。这些堤道上架有桥梁,可供独木舟在桥下自由通行,桥梁也可以被移开,以保卫城市。在被人祭所惊愕的同时,征服者也对这座城市的庞大规模印象深刻。

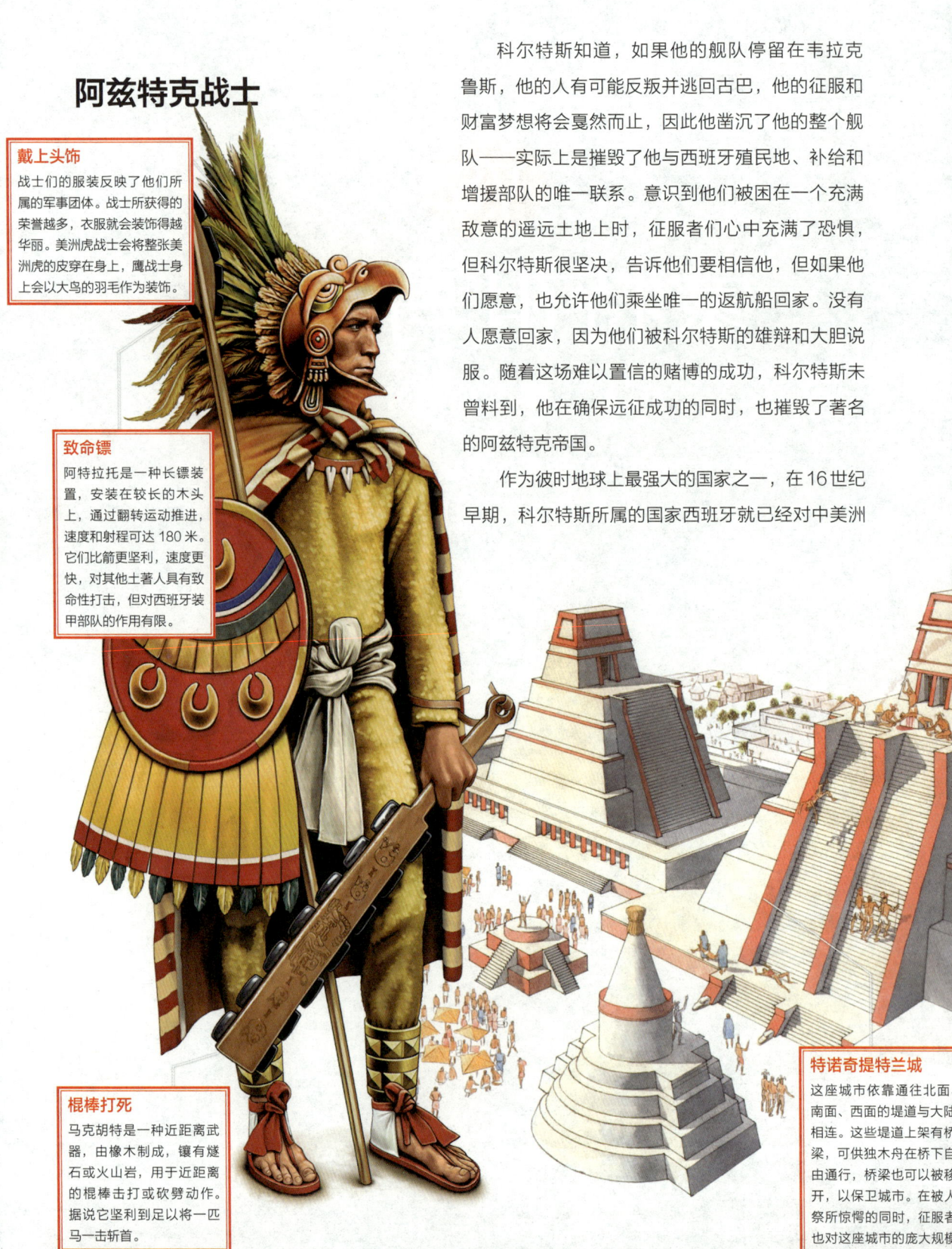

和南美洲进行了几次突袭。古巴和圣多明各于1519年被西班牙征服，在之前的两年里，科尔特斯的朋友迭戈·委拉斯开兹·德·奎利亚尔（Diego Velásquez de Cuéllar）批准了许多西班牙探险队前往墨西哥。

阿兹特克人以前从未见过受到训练以攻击人类的野兽，这种完全不同的战争形式让当地的战斗团体感到恐惧。

西班牙征服者

护头
典型的征服者头饰是沉重的有顶冠的钢盔，钢盔的两侧呈弧形，前后两端则呈尖状。科尔特斯认为头盔是他的手下所穿戴的盔甲中最重要的部分，并在起航前于古巴大规模生产头盔。

钢剑
征服者都装备着钢剑。这种剑虽然狭窄，但是长约1米，其侧刃非常锋利，对此，美洲土著人几乎毫无防御能力。

西班牙帆船
科尔特斯的队伍所使用的船只很大，可供多人同时向阿兹特克战士开火。然而，船只太大也是一个缺点，因为它们经常被卡住，极易遭受攻击。

独木舟袭击
阿兹特克独木舟舰队在攻击西班牙入侵者时发挥了重要作用，依靠这种方式，阿兹特克人得以在首都特诺奇提特兰城周围的堤道两侧包围西班牙人。

运动套装
面对土著人的攻击，一些身穿钢壳或锁子甲的征服者几乎坚不可摧。但是，这种钢铁价格昂贵且不易获得，这意味着科尔特斯的士兵主要以棉衣或皮衣作为防护，但这些足以有效抵御阿兹特克人的武器攻击。

古巴被征服了，委拉斯开兹被任命为古巴的第一任总督，科尔特斯获得了岛上的土地作为奖励，并被任命为圣地亚哥的治安官。然而，这微薄的工资对科尔特斯来说是不够的。第二次远征队于1518年出发，但当领队未能按时返回时，委拉斯开兹下令第三次远征墨西哥。科尔特斯不顾那些不祥的预兆，这一次他感觉到机会来了，他倾家尽产，自愿为这趟昂贵的旅程提供资金。

渴望成功，渴望财富和权力，科尔特斯狂热地为他的新事业做着准备。最初，他得到了委拉斯开兹的支持，但随着旅程的临近，这位古巴统

▲ 阿兹特克太阳石，在管理阿兹特克人的生活中扮演着重要的角色

科尔特斯谈到贵金属时说："我们西班牙人患有心脏病，只有黄金才能治愈。"

贵族战士
贵族战士阶层组成了特种军事精锐部队。这些部队由鹰战士和美洲虎战士这样的战士群体组成，战士们穿着与其所属群体相对应的着装。

掠夺
科尔特斯的许多手下对这次远征心存疑虑，但黄金和其他奖励的诱惑，以及他们首领的强硬性格，驱使着他们继续前进。

不被珍视的黄金
阿兹特克人不像欧洲人那样看重黄金，他们更喜欢把黄金用作装饰品而非货币。他们没有完全理解科尔特斯手下对它的渴望。

治者开始怀疑科尔特斯计划以其自己的名义占领新世界。他的怀疑没有错。科尔特斯无意继续效忠委拉斯开兹，后者派了一名官方政府信使通知西班牙人科尔特斯被解除了指挥权，但科尔特斯直接杀掉了这名信使。随后，委拉斯开兹命令哈瓦那的地方官员阻止科尔特斯，然而被派去阻止这次旅程的人被科尔特斯承诺的财富和权力所打动，最终自愿加入了远征队伍。

1519年2月18日，在没有官方授权的情况下，科尔特斯率领着11艘船和500多人从古巴

▲一幅关于大城市特诺奇提特兰城的插图

起航。他向西航行，打破了位于尤卡坦海岸上美丽热带岛屿科苏梅尔岛的宁静。科尔特斯是登陆美洲大陆的装备最精良的欧洲人，他拥有包括大炮在内的尖端武器，一些消息来源认为这代表了火药在新大陆的首次使用。与南美部落的燧石、长矛和弓箭相比，这些武器具有毁灭性优势。再加上射程达90米的步枪和弩，尽管数量上远远落后，但科尔特斯的人还是占据了优势。

科尔特斯首先遇到了一群玛雅人，这个部落在1000年前统治了尤卡坦。玛雅人之前曾俘虏过一个名叫阿隆索·德·阿吉拉尔的西班牙人，因此科尔特斯得以与玛雅人交流，这是一个不可思议的幸运。这支小舰队沿尤卡坦海岸航行，于1519年3月中旬到达波顿昌地区（Potonchan）。那里的土著人以前曾为一支西班牙

▲阿兹特克人的羽蛇神面具

情妇兼翻译

如果没有他的翻译兼情妇，科尔特斯可能无法在墨西哥取得胜利。拉·马林奇在科尔特斯的语言和阿兹特克人的语言之间建立起了一个重要的联系。

拉·马林奇是土著人向征服者提供的20名奴隶之一，为征服者充当翻译和中介。她很可能曾接受过正规教育，这解释了为何她能说多种南美方言。

马林奇成了科尔特斯的情妇，并与科尔特斯生育了儿子马丁。马丁是第一批有西班牙基因和南美基因的混血儿，他在约25岁时去世。一些人认为马林奇帮助西班牙人镇压自己的人民，是一个叛徒，但另一些人认为她是一个聪明的战略家，充分把握和顺应了当时的形势。

▲ 拉·马林奇帮助科尔特斯与阿兹特克使者沟通

探险队提供黄金，科尔特斯希望自己也能得到类似的礼遇。然而，当他到达时，迎接他的不是金子，而是战士。当发现外交手段毫无用处之后，科尔特斯部署了另一种毁灭性的震慑武器——训练有素的杀人战犬，和骑在马上的征服者一起作战。

阿兹特克人以前从未见过受到训练以攻击人类的野兽，这种完全不同的战争形式给当地战斗团体带来了恐惧和混乱。战士们无力对抗科尔特斯的手下，又被战场上的动物所困扰（有些动物他们从未见过），身心俱疲。

在失败和恳求中，土著人给西班牙人带来了食物、黄金和20名女人，其中一个女人名叫马林奇。至关重要的是，马林奇掌握着玛雅语和阿兹特克语这两门语言，这意味着科尔特斯能够与阿兹特克人交流，交流的方式是马林奇将阿兹特克语翻译成玛雅语，阿吉拉尔将玛雅语翻译成西班牙语。这对于阿兹特克人来说是个坏消息，因为据说马林奇背叛了自己的人民。但对于科尔特斯来说，这是一种好运，并且意味着他离实现统治南美的愿望又近了一步。

在穿越墨西哥湾的途中，这群征服者遇到了土著人，后者对必须向蒙特祖马二世纳税，以及放弃自己的族人来进行阿兹特克众神所要求的人祭而感到不满。科尔特斯自此利用了阿兹特克帝国下辖的九个民族的痛苦和不满情绪。

阿兹特克人在特诺奇提特兰城统治了数百年，他们征服了附近的部落，对大片土地保持着铁腕控制。因此，阿兹特克统治者蒙特祖马二世早在西班牙人接近特诺奇提特兰城之前就知道科尔特斯的到来。他们没有派出战士，而是派了一个使者去迎接科尔特斯，使者带着黄金礼物，这些金子在阿兹特克人看来并不珍贵，但对西班牙人来说却无法抗拒。正如科尔特斯在谈到贵金属

▲ 阿兹特克雨神特拉洛克的雕像，他是阿兹特克文化中的主要神灵

时所说:"我们西班牙人患有心脏病,只有黄金才能治愈。"

蒙特祖马二世知道西班牙人对黄金和宝石的渴望,他拿出这些礼物,条件是科尔特斯停止向特诺奇提特兰城进军。然而这是不可能的,这些礼物更激起了科尔特斯对宝藏的渴望。科尔特斯表示,他打算前往首都向蒙特祖马二世致敬。事实上,他意欲不轨,而蒙特祖马二世也并非天真到不了解征服者的真正意图。

蒙特祖马二世知道麻烦来了,他害怕征服者的到来,因为科尔特斯抵达的时间正处于阿兹特克历法中一个不允许战斗也不允许战士训练的时期,而阿兹特克社会向来严格遵守历法。更糟糕的是,作为一个崇尚宗教且极度迷信的民族,阿兹特克人受到了一系列不祥预兆的打击:一颗彗星白天出现在天空中;首都的两座寺庙起火;波波卡特佩特火山猛烈爆发。像龙一样的神灵羽蛇神被预言将在1519年从东方归来,统治这片土地。羽蛇神也蓄着胡须,皮肤白皙,这些与科尔特斯的相似之处很难被人忽视。

我们很难判断出蒙特祖马二世是否真的相信科尔特斯就是羽蛇神的活化身。在西班牙人对科尔特斯远征的描述中,阿兹特克人被描绘成容易上当受骗的、恭顺的人,但许多现代历史学家认为这是胜利者书写历史的典型案例,或者是对蒙特祖马二世最初面对科尔特斯时的彬彬有礼的完全误解,当时阿兹特克人的礼貌只是他们维护统治的手段。不管怎样,抵达的时间和随之出现的自然现象是科尔特斯的又一次幸运。到1519年8月,科尔特斯和他的手下距离特诺奇提特兰城只剩320千米,同时,阿兹特克的精英们就下一步该做什么产生了分歧。一些人倾向于暴力对抗西班牙人,但蒙特祖马二世允许了科尔特斯的进一步接近,因为那时他正因不祥的预兆而紧张不安,同时他也意识到他的礼物不会说服科尔特斯放弃进军特诺奇提特兰城。

科尔特斯摧毁了自己的舰队,赢得了这支西班牙队伍的拥戴;他说服了那些被阿兹特克帝国征税并视为祭品的当地居民站起来反抗阿兹特克帝国,从而确保他的军队从最初的500人逐渐发

征服者

在占领首都之前,西班牙征服者和他们的盟友袭击了沿途的几个阿兹特克村庄。许多阿兹特克人被军队杀害或沦为奴隶。

为什么有些土著人会与科尔特斯为伍?

尽管阿兹特克帝国幅员辽阔,但整个墨西哥境内却处于一种令人不安的低水平消耗战的状态。这些所谓的"花之战"是低水平但持续的小规模战斗,旨在通过让对手投入更高比例的人力资源来削弱对手。因为阿兹特克人的宗教是以寻找足够的俘虏来进行人祭为基础的,所以阿兹特克人更愿意活捉敌人,而不是在战场上屠杀敌人。

这引发了其他部落的仇恨,尤其是特拉斯卡拉部落——阿兹特克人的血仇。科尔特斯利用其他土著部落的怨恨和嫉妒来让他们反对蒙特祖马二世,但他还有另一个策略,那就是残酷屠杀任何不服从他意愿的土著部落。

图例
- 阿兹特克帝国
- 1519年的路线
- 1521年的路线

墨西哥

入侵者到达
1519年2月18日,科尔特斯率领11艘船和500多人从古巴起航。他先到达尤卡坦海岸的科祖梅尔,然后率领舰队沿海岸航行到波顿昌,最后前往特诺奇提特兰城。

墨西哥湾

特诺奇提特兰城　特拉斯卡拉
乔鲁拉

墨西哥

太平洋

阿兹特克帝国的灭亡
1520年被赶出特诺奇提特兰之后,入侵者在特拉斯卡拉附近重新集结。然后他们发动了一系列的攻击,再加上疾病在阿兹特克人中的传播,最终导致了这座伟大城市的陷落。

展壮大起来。科尔特斯与一些最优秀的墨西哥战士及阿兹特克人的宿敌特拉斯卡拉人结盟,通过展示他的军事力量及尊重特拉斯卡拉传统的方式,甚至让一些特拉斯卡拉人皈依了基督教。

1520年10月,在一场针对科尔特斯的所谓暗杀阴谋之后,西班牙人和他们的土著盟友一起在乔鲁拉城(Cholula)屠杀了数百名土著居民,以此来表明他们的忠诚。当时,乔鲁拉城正牢牢地处于阿兹特克人的统治之下。这场屠杀的受害人数在3000到30000之间,这向蒙特祖马二世发出了一个可怕的信息:胆敢抵抗就等着受死吧。到1519年11月,科尔特斯拥有了5万名美洲盟友,并抵达了特诺奇提特兰城,他将阿兹特克帝国敌人的军队带到了帝国的前门。

对于西班牙征服者来说,当他们看到特诺奇提特兰城的庞大规模、精细建造和天才设计时,他们惊呆了。这座城市基本建在一个巨大的湖泊中间,它可能是当时地球上最大且最复杂的城市。这是科尔特斯冒着一切危险,花了九个月的时间策划、战斗、行军和杀戮换来的奖赏。无论

是寻求和平还是真的相信他是神的化身,蒙特祖马二世最初曾欢迎科尔特斯来到特诺奇提特兰城,邀请西班牙人进入这座城市和他的宫殿,在这些地方,西班牙人得到了大量的贵金属。据说,蒙特祖马二世曾对科尔特斯的手下说道:"你们来到了属于你们的城市——墨西哥,来吧,来坐到你们的位置上,坐到你们的宝座上。哦,曾经是那些已经离去的替代者看管着它,现在它正等着你们的到来呢,……来到这片土地上,来休息吧,住在你们的王宫里,来享用食物,来滋补身体。"

蒙特祖马二世将科尔特斯视为羽蛇神的转世,两人显然互相致敬,据西班牙人所说,蒙特祖马二世曾发誓效忠科尔特斯。作为回应,科尔特斯给蒙特祖马二世戴上镣铐,后来,西班牙征服者洗劫了这座城市的财富,并将蒙特祖马二世扣在他自己的宫殿里作为人质。作为虔诚的天主教徒,西班牙人摧毁了阿兹特克人的神像,停

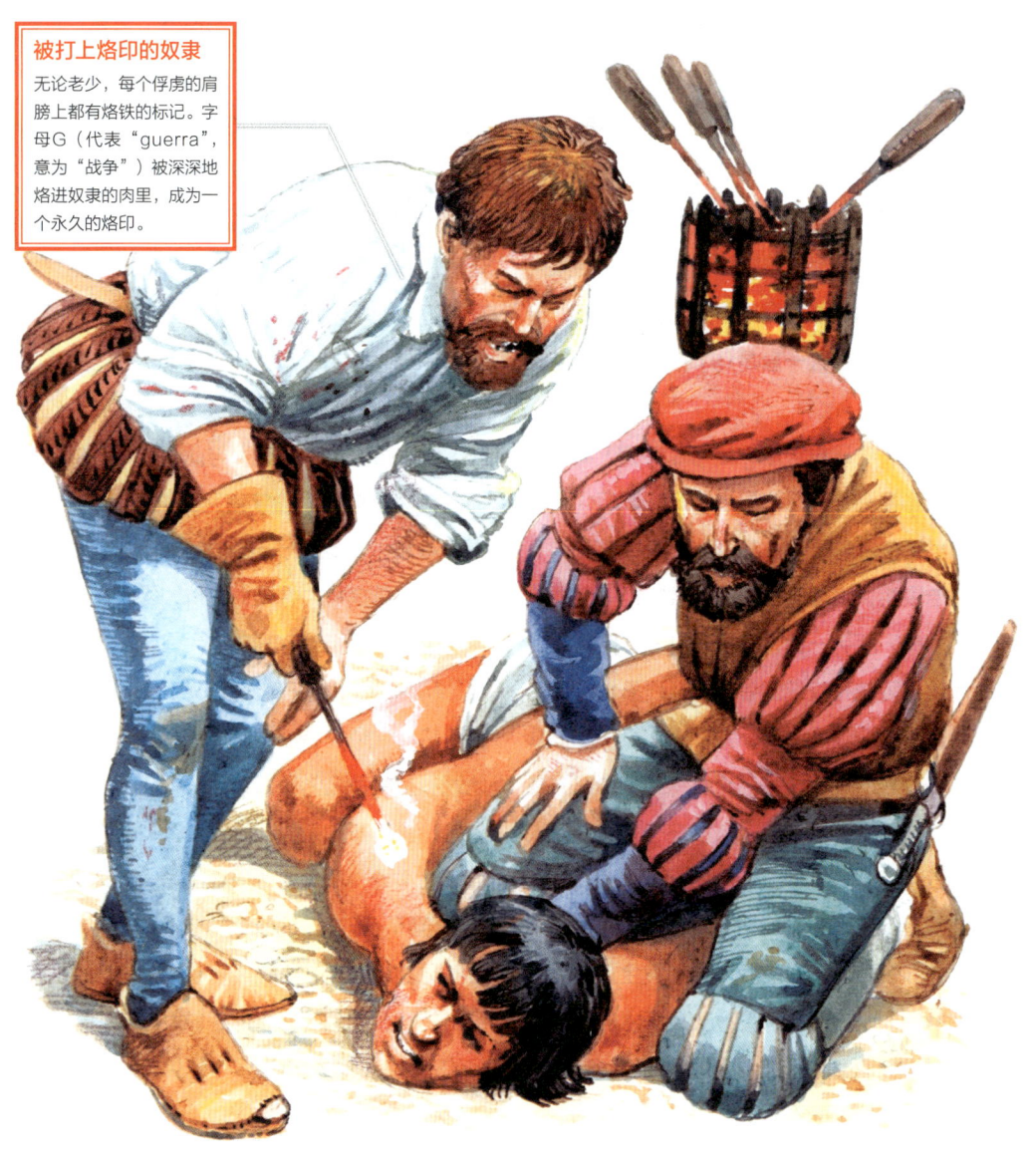

被打上烙印的奴隶

无论老少,每个俘虏的肩膀上都有烙铁的标记。字母G(代表"guerra",意为"战争")被深深地烙进奴隶的肉里,成为一个永久的烙印。

止了人祭行为,但当地人并没有对此做出反抗。

尽管当地人出乎意料地顺从,但科尔特斯却不得不面对一个意想不到的问题,那时他刚刚掌控了特诺奇提特兰城。一个来自古巴的抓捕小组带着杀死或逮捕他的命令抵达了海岸,因此在1520年5月,科尔特斯向东去迎接这个来自古巴的小组,他留下了140名西班牙人和一些特拉斯卡拉人,在副手佩德罗·德·阿尔瓦拉多的指挥下控制特诺奇提特兰城。科尔特斯以少于对手潘菲洛·德·纳尔瓦埃斯的兵力发动了一次夜间突袭。作战胜利后,他用大量的黄金和更多的承诺作为强有力的谈判工具,说服了许多战败士兵加入他的队伍。

回到特诺奇提特兰城之后,科尔特斯看到的是一片混乱。据说,阿尔瓦拉多和剩下的征服者将阿兹特克人为宗教节日所做的准备误认为是更邪恶的事情，加之注意到他们周围有成千上万的阿兹特克人，于是，他们对特诺奇提特兰城的神职人员和贵族进行了残酷的屠杀。科尔特斯一路杀进这座城市，但到了1520年7月，他和他的手下被围困在宫殿里。察觉到人群的情绪，科尔特斯让蒙特祖马二世出来安抚他的子民，结果人民拒绝了他们的特拉托阿尼并将其视为叛徒。接下来到底发生了什么一直是几个世纪以来争论的焦点。

西班牙人的记录显示，是阿兹特克人用石头砸死了蒙特祖马二世，但最近的解释表明，蒙特祖马二世是在他对西班牙人不再有用时被谋杀的。一些报告表明，西班牙征服者为蒙特祖马二世的去世而悲痛，而另一种说法是，科尔特斯从背后刺杀了这位阿兹特克统治者，甚至残忍地将熔化的黄金倒入他的喉咙，从而杀死了他。已知的是，蒙特祖马二世的死亡与特诺奇提特兰城内部的暴力起义同时发生。西班牙人被愤怒的阿兹特克人赶出了首都，科尔特斯死里逃生。为了躲避袭击，许多征服者绝望地跳进运河，溺水而亡，他们中有的人是被装在衣服里掠夺而来的黄金重量所压垮的，有的人是被阿兹特克战士拉下水的。阿兹特克人打败了征服者，把他们赶出了这座城市。这一事件后来被西班牙人称为"悲痛之夜"。

尽管西班牙征服者逃离了这座城市，但他们留下了比大炮、斗犬或土著盟军更致命的东西。1520年，一场流行性天花凶猛地袭击了特诺奇提特兰城，造成大量人口死亡，活下来的人也因太过虚弱或饥饿而无法保护自己。于是，当科尔特斯和征服者带着愤怒，回到特诺奇提特兰城复仇时，他们要将这座城市夷为平地。

科尔特斯和他的盟友撤退到特拉斯卡拉，在那里他们得到了意想不到的补给，并开始在特诺奇提特兰城所在湖泊的周围城镇之间建立联盟。在接下来的几个月里，科尔特斯封锁了首都，切断了它与大陆的堤道，并用装备了武器的帆船控制了这片湖泊。特诺奇提特兰城的食品供应被切断，供水管道也被封锁，与此同时，科尔特斯则仍旧在对这座被可怕疾病围困的首都发起攻击。由于粮食的缺乏和天花的传播，加之不断的攻击，特诺奇提特兰城无力反抗，终于在被围困八个月后，于1521年陷落。

科尔特斯仅用三十个月就征服了墨西哥，并进而将特诺奇提特兰城重建为墨西哥城，这块土地则被重新命名为新西班牙。科尔特斯引入了基督教，并宣布人祭为非法行为。特诺奇提特兰城被夷为平地，现代墨西哥城的第一批建筑拔地而起。至此，标志性地标大神庙从此消失，几个世纪不见踪迹，阿兹特克帝国也彻底崩塌，几个世纪之后，直到人们对墨西哥城进行挖掘，这个曾经的伟大文明才显露出一些碎片。

埃尔南·科尔特斯把欧洲的风格和宗教带到了这片大陆。他建立政治联盟的能力、冷酷的军事头脑及对权力的渴望导致了世界上一个伟大文明的迅速终结，也毁灭了一个世界上曾经辉煌的城市。

一座铺满黄金的城市

这座阿兹特克城真的像传说中描述的那么富有吗?

赠送给西班牙人的绝大部分黄金都立即被渴望财富的征服者熔掉了,这些西班牙人毫不在意当地人创造的珠宝和装饰品的内在价值。由于重商主义和海盗行为,阿兹特克的黄金很快被运出这个国家,这可能意味着阿兹特克黄金最终被运往了世界的各个角落。墨西哥的黄金储量很少,这意味着西班牙人掠夺的黄金数量可能被夸大了。

然而,阿兹特克人并不看重黄金,他们称黄金为"神的粪便",他们更喜欢把黄金用作装饰品而不是货币,西班牙人对黄金的贪婪令他们感到不安。可以想象,他们很乐意把自己的黄金储备交给西班牙人,这并非因为黄金储量丰富,而是因为这些储备对他们而言意义不大。

具有讽刺意味的是,当征服者登陆时,蒙特祖马二世将黄金送给科尔特斯,可能正是这一举动才导致了特诺奇提特兰城的毁灭。因为这些黄金非但没有满足科尔特斯,反而引发了他的贪念。

在1519年7月给西班牙国王的一封信中,科尔特斯列举了大约50件项链或装饰品形式的黄金珍品和宝石,其中有一件"像车轮一样大",以及一个装满金粉的西班牙头盔。然而,科尔特斯只是将他全部战利品的五分之一作为贡品送到了西班牙,这意味着他真正获得的战利品有200~250件。对特诺奇提特兰城中的宝藏的突袭,一定让西班牙人收获了更多的战利品,但在悲痛之夜从城中撤退时,他们又损失了很多。阿兹特克黄金的真实价值可能仍然是一个谜。

征服了阿兹特克人之后,科尔特斯立即禁止了人祭

入侵之后

当阿兹特克世界在征服者的靴子下崩塌时，
它又以新西班牙的形象重新建立

作者：哈雷斯·布斯塔尼

当西班牙人最终占领阿兹特克帝国的心脏特诺奇提特兰城时，这座城市已经有80天无人清理，肮脏不堪。在蒙特祖马二世死亡和征服者刚刚被驱逐之后，城中人口因天花而大量减少，蒙特祖马二世的继任者奎特拉瓦克也因天花丧生。被陆地和海洋包围的阿兹特克人在他们亲友的尸体中游荡。他们耗尽了所有的淡水资源，更糟的是他们快饿死了，只好剥去树皮、翻起树根寻找食物。当科尔特斯一条街一条街地穿过这座岛屿城市时，他摧毁了城中的建筑，用碎石填满了运河，把这座城市变成了一个死气沉沉的、尸体遍布的沼泽。

第十一任国王夸乌特莫克一投降，西班牙人就开始在全城寻找黄金。与此同时，西班牙人的盟友——特拉斯卡拉人、托托纳克人、特斯科科人和查尔卡人（Chalca），对城中的被征服者发动了一场暴力浪潮——把他们从藏身的洞穴里拉出来并用棍棒殴打致死。到当天结束时，已有10万纳瓦人被杀。3天来，幸存者们努力向城外爬去，贵族们躲在一层层泥垢后面，西班牙人忙着翻遍全城，搜寻隐藏的黄金。

西班牙人总共收集了13万枚金币，每枚价值42.3克纯银，这些金币中的五分之一上交给了国王，其余的则根据军衔分配给了士兵。他们还盗走了许多黄金饰品、羽毛制品和艺术品，这些东西被送到了西班牙国王查理一世手中。查理一世对此毫无兴趣，他熔化了黄金饰品并卖掉了艺术品。然而，这座城市的大部分宝藏消失于征

对特诺奇提特兰城的围攻使这座城市陷入了血腥的混乱

▲ 在掠夺了阿兹特克仅存的少量黄金之后，西班牙人让纳瓦人去银矿里工作

服者在悲痛之夜的溃败之中，剩下的东西则被逃跑的纳瓦富商带走了。

在为他们自己的探险耗费资金之后，科尔特斯的手下们并没有获得想象中的巨额财富，现在他们面临着越来越多的债务，需要两年的时间才能还清。他们拒绝承认战利品已经所剩无几的事实，反而和皇家审计员一起指控科尔特斯私昧战利品。在皇家审计员的哄骗下，惊慌失措的科尔特斯下令用酷刑折磨国王夸乌特莫克和塔库瓦国王，把他们的脚浸在油里，然后点燃，以逼迫他们说出隐藏的宝藏。这种残酷行径只为他们带来了20万比索的收益，这笔钱再次在国王、科尔特斯、他的军官和他们的士兵之间瓜分，士兵们每人只得到了微不足道的160比索。

阿兹特克战败的消息传开后，邻国纷纷派遣大使去迎接西班牙征服者。他们为曾经的压迫者的垮台而高兴，并对阿兹特克的废墟感到敬畏。位于米却肯州西北部的强大的塔拉斯坎帝国立即派出特使，请求成为西班牙的附庸国。尽管科尔特斯同意了，但他的船长克里斯托瓦尔·德·奥利德还是带着一大群人到达了塔拉斯坎，他们对当地进行了掠夺并破坏了寺庙。他们还绑架了国王，把他带到了阿兹特克。在阿兹特克，这位国王受到了羞辱，但同时也获得了承认，之后他被送回了塔拉斯坎。在奥利德征服北方的同时，科尔特斯将帕努科省（Pánuco）富饶的农业区并入了帝国。纳瓦人一直在帮助西班牙人，夸乌特莫克提供了15000人，帮助西班牙人在10年内征服了除玛雅人控制的尤卡坦地区和遥远的北部地区以外的所有墨西哥地区。

随着领土的不断扩大，科尔特斯需要一个强大的官僚总部，没有比战败的首都特诺奇提特兰城更好的地方了。他没有让废墟成为圣地，激起战败的阿兹特克人的爱国复仇情绪，而是按照西班牙的形象重建了它。但西班牙人很快就采取了一项政策，在新西班牙（特诺奇提特兰城）全境消灭金字塔和庙宇。

1524年，当科尔特斯听说奥利德在洪都拉斯造反时，他带领了一支由数千名西班牙人和土著人组成的探险队来提醒奥利德摆正自己的位置，然而他不知道的是，奥利德已经被杀了。两年后他们回到了总部，因饥饿、疾病和叛乱，队伍中的幸存者只有100个人。一路上，愤怒的科尔特斯指责夸乌特莫克和塔库瓦国王策划政变，并绞死了他们。在接下来的43年里，蒙特祖马的继任者们越来越推行西班牙主义，最后一位"国王"路易斯·德·圣玛丽亚·西帕克（Luis de Santa María Cipac）的出现使这一趋势达到了顶峰，西帕克实际上是一位被美化了的地方总督。

然而，最初跟随科尔特斯的607名征服者，以及后来加入的534名征服者，要求就他们所遭受的苦难获得补偿。为了防止他们掠夺土地并带着

161

▲ 阿兹特克的最后一位统治者——夸乌特莫克,遭受严刑拷打后被处死

战利品回家，科尔特斯不情愿地采用了从加勒比海地区引入的委托监护制度，该制度授予征服者或委托监护者从居住在特定土地上的当地人那里榨取劳动力和收取贡品的权利。作为回报，他们需要保护当地人，改变他们的信仰，并为战争做好准备。

然而，纳瓦人仍然饱受天花流行病及随后的麻疹、斑疹伤寒、腮腺炎和其他疾病的困扰。从1519年到1521年，墨西哥谷的人口从160万下降到90万，到1580年更是下降到只有20万。与此同时，西班牙人开始将殖民者送往他们的新定居点。1524年，科尔特斯颁布法令，所有已婚士兵必须在18个月内将妻子带回国，单身汉必须结婚，否则将被没收财产。到16世纪中叶，大约有10万西班牙移民居住在新西班牙。然而，因为西班牙女性只占移民人口的四分之一，所以许多西班牙男性转而与当地女性结婚。

随着新领地的稳固确立，西班牙王室开始巩固其对新领地官僚体系的控制。虽然科尔特斯本人被封为瓦哈卡谷侯爵（Marqués Del Valle de Oaxaca），并被授予大量地产，但他被剥夺了行政权力。西班牙王室将行政权交给了一群公务员，派遣他们去统治科尔特斯的征服地。这一等级体系的顶端是总督，其次是法官，然后是行政官员。三者被分别赋予准立法权、司法权和行政权，他们的设立旨在消除委托监护者个人对地方传统社区的影响。这些职位大多由早期的征服者担任。虽然委托监护者为王室服务，但他们能获得的福利很少，于是许多人开始滥用权力，对当地人进行诈骗，这种诈骗通常由委托监护者与当地酋长共同进行。但是，当地人可以通过印第安法院（General Indian Court）提起诉讼，诉讼的成功率很高。

在掠夺了阿兹特克人的大部分黄金后，西班牙人将重点转移到了银矿开采和甘蔗种植上。这使得新西班牙变成了一个以被强迫的土著劳工为支撑的经济体，但许多劳工在工作中去世。一些幸存的纳瓦贵族学会了西班牙语，急切地想在他们现在居住的新世界中扮演一个角色。他们成了一个有名无实的次统治者阶层，在文化上深受西班牙人的影响，有些人甚至身穿西班牙服装，骑着马，带着剑和火绳枪。

旧世界崩溃所带来的最初的心理冲击是巨大的。阿兹特克人认为自己是太阳神维齐洛波奇特利的选民，以他的名义进行统治。他们的失败不仅是他们的失败，也是太阳神的失败，由此，地

▲ 西班牙文化和阿兹特克文化的结合产生了独特的印第安基督教文化

上和天上的生活都失去了意义。阿兹特克国教的基础架构崩溃了，人祭也立即遭到禁止。

许多印第安人觉得这一打击太大，难以承受。他们自给自足的世界被摧毁，他们的食物生产被西班牙的作物和牲畜破坏，他们的身体被迫从事陌生的强迫性劳动，为那些任意收取贡品的剥削者服务。那些没有自杀的人回到了

▶ 西班牙人拆毁了阿兹特克神庙，并在它们的地基上建造教堂

龙舌兰酒的怀抱，西班牙人在表面上鞭打和惩罚酗酒者，但同时也向他们出售葡萄酒。

然而，随着新制度的出现，许多人发现他们的日常生活几乎没有受到干扰。几个世纪以来，传统的阿尔特佩特尔城邦保留了纳瓦特尔语言和文化。他们的城镇和城市由阿兹特克贵族管理，拥有由土著人控制的市政委员会，呈现出一个被阉割的土著统治格局。农民仍然以新的远方主人的名义在土地上劳作，很少离开他们熟悉的当地社区，如此一来，他们的土著文化得以通过贵族和祭司保存下来。与不受干扰的日常生活相反，土著人被强行灌输了新的宗教。

在纳瓦人的宇宙观中，信仰和宗教的概念与文化的概念是不可分割的，他们对基督教的信奉

▲ 新西班牙城市展现出来的熟悉感，使西班牙殖民者更容易定居下来

造成了阿兹特克人与基督教信仰的独特共生。他们通过民间传说的镜头过滤教义，产生了印第安基督教文化。一些修道士哀叹，纳瓦人现在崇拜的不是一千个神，而是一千零一个神。圣徒被解读为神灵，而受难则通过献祭的棱镜被理想化。

1542年颁布的新法律保护了这些新基督徒，使西班牙人对他们的剥削缺乏道德上的理由，尽管实际上他们将继续过着农奴的生活。值得一提的是，托钵修会曾与印第安人站在一起，反对委托监护者所进行的各种各样的虐待行为。然而，当他们也开始依赖当地的税收和劳动力时，他们沉默了。祭拜神像的人往往会遭到处决，终身监禁和各种残酷的刑罚也以上帝的名义施加在人们身上。

不管怎样，这种信仰在墨西哥中部受到了热烈欢迎，宏伟的阿兹特克金字塔被修道院所取代，这些修道院由大量工人按照精心设计的壮观标准建造而成，足以让当地人感受到上帝的荣耀。这些建筑建在被拆毁的阿兹特克神庙的地基上，使幸存的圣地在一定程度上保留了下来。随

▲ 尽管饱受争议，但埃尔南·科尔特斯依旧证明了他是一个成功的征服者

着纳瓦人的大量死亡，他们分散的社区被合并成以教堂为中心的更大的教会。人们被迫离开自己的家园，在其他地方被分配到新的土地上，并被禁止返回原居住地。这导致了多种族社区的形成，不同背景和语言的人聚集在一起，他们之间的文化纽带被进一步削弱。到1600年，西班牙人已经按照他们的设想建造了三百个新城镇。宏伟的城市充当了堡垒，城市化不仅让西班牙王室更容易向臣民征税，也在一定程度上保护了居民免受剥削。

随着西班牙人进一步打败印加人，墨西哥成了新西班牙的总部，成为一个从加利福尼亚延伸到哥斯达黎加、远达菲律宾的庞大帝国的中心。尽管西班牙人把前阿兹特克帝国的心脏撕裂了，但在农村地区，人们仍然保留着同样的建筑、工具、语言和生活方式。釉面陶瓷和铁钉花了一个世纪才到达这些遥远地区的人手中。然而，随着西班牙语逐渐取代纳瓦特尔语，他们的生活最终也纳入了新秩序之中。在这个过程中，西班牙人和纳瓦人通婚的情况越来越多，后来非洲奴隶

新西班牙城市

新西班牙建立在前阿兹特克帝国的基础之上

随着特诺奇提特兰城成为一片废墟，科尔特斯在邻近的科约阿坎区建立了一个临时总部，在那里他绘制了新首都的平面图，并严格按照西班牙王室城镇布局条例对其进行了重新设计。在纳瓦人清理完街道之后，渡槽就会得到修复，市中心会被夷为平地，人们将沿着新的网格重建西班牙风格的建筑，这一网格将周围的街区分成几个部分，只有四分之一会留给这座城市以前的居民。阿兹特克纪念碑和庙宇被西班牙教堂、宫殿和堡垒所取代。旧建筑上拆解下来的石头被重新用于新建筑地基的建造，这既降低了成本，又象征着基督教上帝战胜了阿兹特克神灵。许多纳瓦人在城市重建的过程中因过度劳累和食物不足而亡。

新西班牙的城市以西班牙风格设计为基础，中央广场的一端是主教堂，另一端是市政厅。这些建筑坐落在殖民当局的中央机构——法院、总督府和监狱的旁边。富裕的西班牙殖民者试图住在离广场尽可能近的地方，以彰显自己的地位。周边地区被划分为土著社区，禁止非印第安人居住。他们表面上享有自治权，通过传统的卡比尔多地方当局实行自治，但这种自治受制于西班牙人或教会的统治。然而，这种制度不可能长期维持下去，因为墨西哥城成了西班牙人、印第安人、非洲人及其混血后裔的文化大熔炉。

也加入了通婚的队伍，他们创造了一种新的文化血统，这种血统在现代墨西哥的丰富遗产中幸存至今。到了17世纪，混血儿占据了当地人口的大多数，可悲的是，这导致了种姓制度。

尽管征服者成功地摧毁了以前的阿兹特克制度，并逐渐取代了土著文化，但今天仍有100多万纳瓦印第安人说纳瓦特尔语。

阿兹特克的遗产

从景观及墨西哥文化、传统和艺术品中，探索阿兹特克人的生活方式

171　再探特诺奇提特兰城
191　阿兹特克的过去存在于墨西哥的未来
206　帝国其他遗迹

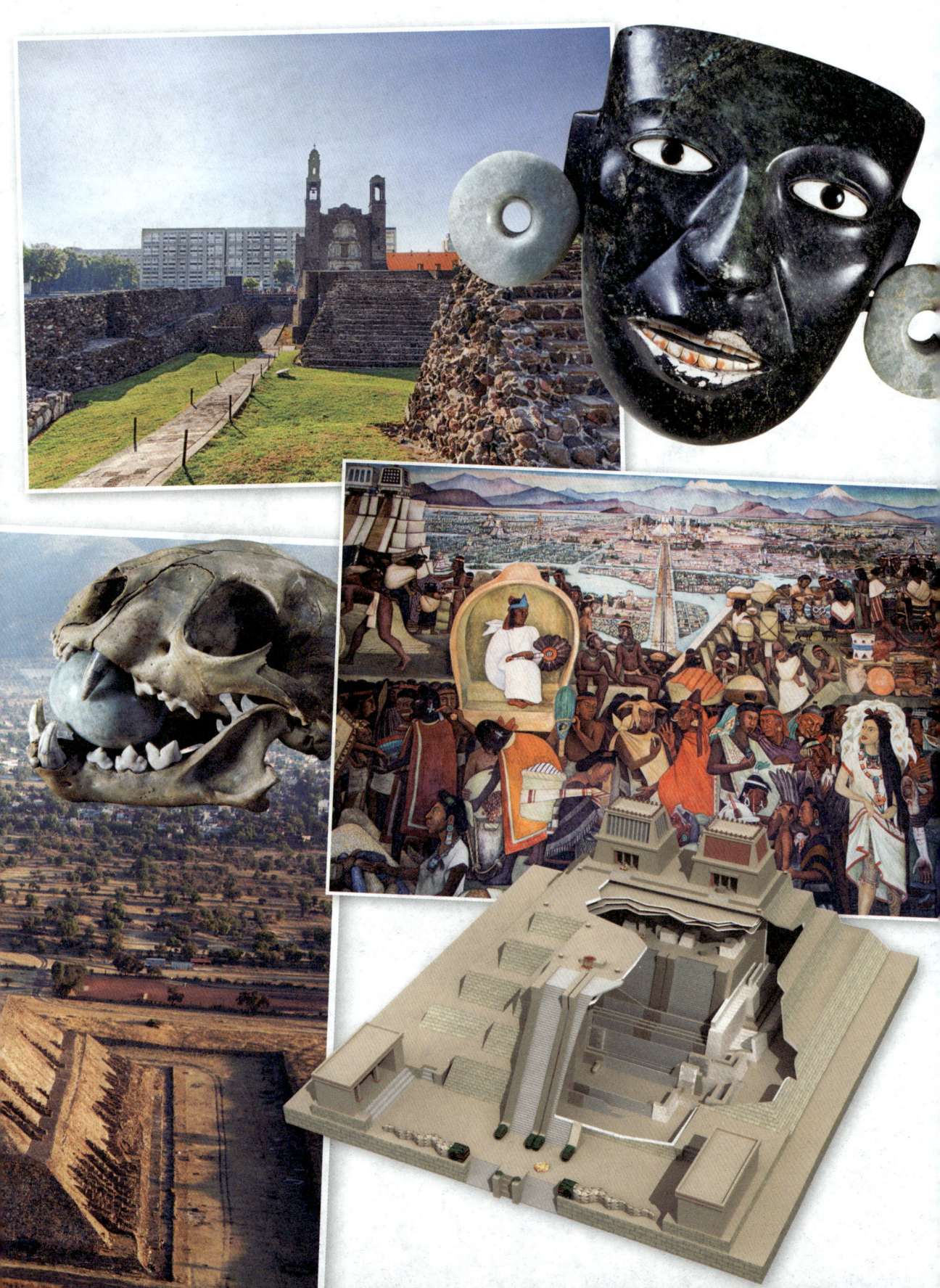

再探特诺奇提特兰城

与考古学家一起挖掘墨西哥城的阿兹特克历史，这些考古学家在过去几十年里取得了惊人的发现

作者：斯科特·里维斯

1978年2月21日，在墨西哥城铺设电缆的工人们经历了一场终生难忘的发现。当时，他们正在一个被称为"狗岛"的地方挖掘道路，之所以这样叫，是因为这个地区略高于周围的街区，当洪水淹没城市时，流浪狗就会在这里聚集。挖掘机挖到两米深时，碰到了一块大石头。当工人们更仔细地观察障碍物时，发现这块石头上布满了精美的雕刻。

这块石头重达8吨多，人们花费了相当大的力气才将它移开，但考古学家很快意识到他们于偶然之中获得了一个非常特别的发现。这个石制圆盘直径为3.25米，厚30厘米，上面绘制了阿兹特克女神柯约莎克（Coyolxauhqui）被她的兄弟——太阳神和战神维齐洛波奇特利杀死后的模样。这位裸体、被肢解、被斩首的女神的雕像最初位于特诺奇提特兰城的大神庙，但它的确切位置已被时间的迷雾所湮没。

▲ 出土的阿兹特克祭品。谁知道还有多少东西有待挖掘?

> 2017年，人们发现一只被献祭的狼与金饰、胸甲、海贝壳甚至火石刀埋葬在一起。

大神庙在战争中消失，这种现象在墨西哥考古学中并不罕见。不同于历史上的其他伟大帝国，比如埃及、希腊和罗马帝国等，阿兹特克帝国的考古价值较低。在帝国首都以外，考古遗址相对较少，这主要是因为阿兹特克控制的间接性，这种间接性导致帝国并未在各省进行大规模的物质投资。而在首都特诺奇提特兰城，当西班牙征服者占领了这座城市，并在其土地上建立新的殖民基地墨西哥城时，城中的阿兹特克建筑也很快就被摧毁了。

众所周知，大神庙就坐落在柯约莎克石盘被发现的地方。20世纪上半叶，人们曾经进行了一些小规模的挖掘，发现了一些具有仪式性的建筑和人工制品，但当时没有人想去挖掘这个已经成为墨西哥城富裕住宅区的地方。然而，柯约莎克石盘引起了公众前所未有的关注，当局最终决定采取行动。在接下来的4年里，考古学家爱德华多·马托斯·莫特祖马（Eduardo Matos Moctezuma）被允许拆除13座建筑，以便进入阿兹特克遗址，这些建筑本身具有西班牙殖民时代的历史意义。最初的发现带给人们很

皇帝与灰烬

阿维特索特尔皇帝的遗体会被找到吗？

2012年，当英国考古学家发现国王理查三世的尸体时，他们惊呆了。6年前，墨西哥考古学家认为他们可能拥有了属于自己的、如发现"埋在停车场下的国王"一般的时刻。资料显示，阿兹特克国王在一个叫作库奥西卡尔科（cuauhxicalco）的平台上被公开火化，然后被放入陶瓷瓮中埋葬。这片区域被用彩纸装饰的树木所包围。考古学家认为，他们已经发现了库奥西卡尔科，这是一个12米高的圆形平台，其上带有石蛇头的装饰。他们还在它附近的一个大花盆里发现了一棵枯萎的橡树树干。

2006年，在大神庙遗址工作的考古学家发现了一块刻有阿兹特克日期"10兔年"（10 Rabbit，即1502年）的石头，以及一些陪葬品，这些陪葬品表明，这个墓穴属于一位重要人物。阿兹特克第八任皇帝阿维索特尔将帝国的领土扩大了一倍多，于1502年去世，这里可能是他被埋葬的地方吗？由于没有进一步的发现，于是一些人在无奈之下得出结论：阿维索特尔的骨灰缸实际上是1900年由早期的墨西哥考古学家利奥波尔多·巴特斯（Leopoldo Batres）挖掘出来的，巴特斯本人并不知道自己正在挖掘神庙，也没有意识到自己可能挖出了阿兹特克的领导人之一。

然而，巴特斯挖掘的区域长期以来一直被少数选择在该地区建造房屋的现代墨西哥人视为不祥之地。

▲ 阿维索特尔的陪葬包，装在绿松石王冠和面具里，由贵族们带到他的火葬堆上

大的期望。遗迹保存状况良好，爱德华多从土壤中取出了7000多件物品。其中许多物品无疑具有神圣的功能，例如动物骨骼、神的雕像，以及装饰过的石刀等。

历史学家已经从西班牙文献中了解了大神庙，这是一座位于石质方形阶梯式金字塔上的双子神庙。通往两座神庙的通道是两条楼梯，其中一座神庙供奉的是雨神特拉洛克，另一座神庙供奉的是太阳神和战神维齐洛波奇特利。通常情况下，只有祭司和祭祀献祭者才有资格登上通往神庙的楼梯。但在两人之间的关系恶化之前，蒙特祖马二世曾邀请埃尔南·科尔特斯登上台阶，以便更好地欣赏这座城市。西班牙记录者们虽然对大神庙的宏伟肃然起敬，但也被地上的血迹和在神圣火盆中燃烧的心脏发出的辛辣恶臭味所震惊。

然而，西班牙人不知道或者并未记录大神庙的悠久历史。爱德华多·马托斯·莫特祖马的考古发掘表明，科尔特斯登上的大神庙实际上是它的第七层。在它之下还有六层，每一层都分别由历代国王主持修建。

现代考古学家发现了除第一层之外的所有层

▲ 1978年柯约莎克圆盘的发现引发了人们对大神庙的新发掘，也开启了阿兹特克考古学的新纪元

阿兹特克祭司在罐子里装满了芬芳的熏香，以掩盖祭祀仪式中腐臭的死亡气味。

蒙特祖马之石

1988年7月，人们在挖掘大神庙时发现了这块巨石，它雕刻于特诺奇提特兰城第五任国王蒙特祖马一世统治时期

盆部
中间凹陷的圆形区域里刻有一幅太阳神托纳提乌的雕像，太阳神的嘴中伸出了一根刀状的舌头（现在已经断了）。献祭的受害者会被绑在突出的舌头上，这表明它最初位于大神庙建筑群中一座神庙之外。

雕刻设计
石头的上表面，直径超过3.6米，上面雕刻着一个圆形图案，让人想起太阳。雕刻的箭头指向外边缘，旁边是库奥希卡利的图案，这个石制容器用于在祭祀后存放人类心脏。在靠近石面中心的地方，有数个小圆排列在较大的两个同心圆的内部。

装饰板
11块侧板中的每一块描绘的都是阿兹特克人征服附近王国的情景，即国王打扮成特斯卡特利波卡神的样子，抓住敌人的头发，做出象征胜利的姿态。虽然每块面板都非常相似，但右上角的象形文字象征了被征服的不同王国。

侧边
石头的侧面雕刻还包括上下两个边缘，边缘部分刻画着暗示人祭的图像：骨头、手、心、刀和头骨。一旦祭司们结束了可怕的祭祀工作，刚刚死去的受害者就会被扔下神庙的楼梯。

▲ 特诺奇提特兰城的伊厄科特尔-奎扎科特尔神庙和球场的挖掘工作被限制在市中心建筑之间

▲ 如今，人们可以在墨西哥城的国家人类学博物馆看到太阳石，它与许多其他阿兹特克手工艺品陈列在一起

级存在的证据。大神庙始建于1325年特诺奇提特兰城建城后不久，其最初的木质建筑层已经沉入地下，所有残余部分大概率已经腐烂。但是，后来建造的几层神庙可以通过遗留下来的石头建筑和雕塑绘制出来。比较珍贵的发现之一是一块石头，据推测，献祭者被放置在这块石头上取出心脏。这块石头的历史可以追溯至第二层神庙建造的时代，即阿卡马皮赫特利、维齐利维特尔和奇马尔波波卡统治时期，神庙的第二层一共建造了50多年。柯约莎克圆盘的发现激励了第四层神庙的挖掘工作，而在对阿维索特尔统治时期建造的第六层神庙的挖掘中，人们发现了纪念神庙开放的雕刻品，并且，雕刻品上还给出了举行纪念仪式的确切日期——1487年12月19日。

虽然直接由柯约莎克圆盘引发的对大神庙的挖掘工作开展于1978年至1982年，但关于大神庙的进一步调查从未停歇。2009年，考古学家开始挖掘毗邻大都会教堂的曼纽尔·加米奥广

太阳石

另一块令人叹为观止的石头，先于柯约莎克圆盘两个多世纪被人发现

也许关于阿兹特克人的第一个考古发现出现在1790年12月17日。当时，人们在墨西哥城的主广场佐卡罗（Zócalo）下面发现了一块24吨重的石头，但是，墨西哥的早期考古学家最初忽视了它的重要性。这块石头宽超过3.5米，厚近1米，其上描绘了太阳神托纳提乌的画像，周围环绕着一系列华丽的圆形雕刻。自从太阳石被发现以来人们就一直在讨论它的确切功能。这是一个像19世纪的古文物学家所认为的日历吗？或是一个像大多数现代考古学家所认为的仪式祭坛吗？还是这是一种政治宣传，旨在显示特诺奇提特兰城是世界的中心？

在西班牙人征服特诺奇提特兰城之后，太阳石幸存了几十年，一直到大主教阿隆索·德·蒙图法尔（Alonso de Montúfar）下令将其埋葬，以清除这座新城市的异教历史。两个多世纪后，当人们清理了一个新的广场时，它重见天日，并被悬挂在大都会大教堂的外面——考虑到最初下令埋葬它的是一位大主教，这相当具有讽刺意味。又过了两百年，宏伟的阿兹特克神庙的位置才被重新发现。

▲ 带有彩色浮雕的石制座椅，描绘了鹰之家的战士，位于大神庙中

场（该广场以一位20世纪初发掘阿兹特克特奥蒂瓦坎城的墨西哥考古学家的名字命名）。在这里，他们发现了用于祭祀的恐怖手工制品。47个被称为萨胡马多尔（sahumadores）的黏土香壶被精心摆放着，并显示出经常使用的迹象。人们认为阿兹特克祭司会在罐子里装上芬芳的熏香，以掩盖在祭祀仪式中弥漫在神庙里的腐臭的死亡气味。在附近，他们还发现了一个用这种熏香（一种芳香的树脂——柯巴脂）制成的女人雕像，现在这个雕像仍然散发出芬芳的桉树香气。

如果人们曾对西班牙人记录的人祭传说心存质疑，那么当考古学家在调查曼纽尔·加米奥广场的过程中发现了一些人类墓葬时，这些疑问便得到了解答。超过650个头骨被发掘出来，大多数头骨的耳朵上方都带有人死之后钻出的孔洞，微量的有机残留物表明，这些头骨上曾装饰着仙人掌刺、矢车菊和木棉花。这些头骨可能被陈列在一个骷髅墙（或称头骨架）上，这是一个大架子，长35米、高5米，利用人造孔洞，木杆上可以放置数千个头骨。头骨架前有两根直径6米的大石柱，人们将从架子上取下来的头骨钉在柱子上。征服者安德烈斯·德·塔皮亚（Andres de Tapia）最先描述了这一可怕的景象，历史学家最初认为这一场景中出现的头骨来自与阿兹特克人作战的战败战士。

然而，在实验室的分析结果出来之后，历史

▲ 美洲狮头骨，口中叼着一个玉球

学家被迫重新考虑他们的理论。被检验的头骨中只有75%属于男性，令人费解的是，剩下的25%中，20%属于女性，5%属于儿童。同位素分析表明，虽然这些死者出生在远离特诺奇提特兰城的地方——大多数出生于墨西哥南部，但他们中有许多人生前在首都度过了相当长的时间。这些头骨是像西班牙人所认为的那样，属于被俘战士吗？还是属于奴隶，或是属于那些被选为献祭品的不幸的移民？

在大神庙遗址中发现的两个特别的儿童墓葬，也让考古学家们开始思考祭祀仪式背后的原因。第一个儿童墓葬发现于2005年，属于一个5岁的男孩，其出生年份可以追溯至1450年左右。骨骼证据表明，他的心脏已经被取出，他被埋葬在珠宝及一只森林鹰的翅膀等陪葬品之中。2017年发现的第二个墓葬与前者有着惊人的相似之处——这个大约9岁的男孩被精心埋葬在坟墓之中，他的旁边放着一个环形的木制胸甲、一个面具、珠

> 2018年的一场地震使人们在墨西哥城外的特奥潘佐尔科（Teopanzolco）金字塔内发现了一座小寺庙的遗迹。

▲ 如今位于墨西哥城大教堂笼罩下的大神庙是古代特诺奇提特兰城的中心

▲ 最近在特诺奇提特兰城中进行的挖掘工作，为人们了解阿兹特克首都进行的人祭活动提供了新的线索

宝及一只森林鹰的翅膀。这个孩子死于1490年左右。

鹰的翅膀是一种具有象征意义的祭品，它将两个坟墓与维齐洛波奇特利神联系起来，因为维齐洛波奇特利神通常被描绘成一种带有羽毛的形象。与大多数被肢解的献祭者不同，这两个男孩的整个身体都被精心埋葬了，这表明他们具备一种特殊而不寻常的功能。他们的牺牲是为了纪念大神庙某一特定阶段的结束或开始，还是为了纪念另一件吉事呢？

西班牙征服者的著作不可避免地聚焦于阿兹特克神庙中发生的可怕行径，但城市中心的仪式性建筑群远不止大神庙本身。卡尔梅卡克是一座与大神庙比肩的建筑，它是阿兹特克的一所精英学校，坐落在大神庙旁边。1985年，工人们在拆除一座被墨西哥城毁灭性地震破坏的建筑时，偶然发现了它。

在对卡尔梅卡克进行挖掘时，人们发现了8英尺（约2米）高的蜗牛螺旋装饰，这些装饰与雨神特拉洛克有关，它们曾经矗立在这座建筑物

◀ 来自墨西哥特奥蒂瓦坎的耳环面具。阿兹特克文明，14—16世纪

▲ 一些家庭神龛里摆放的神像

的屋顶，整个城市都可以看到它们的样子。西班牙绘画中描绘了与之类似的小型装饰品，但是，因为考古学家发现了埋在地板下面的较大型雕塑，所以人们推测，征服者看到（并摧毁）的可能是这些雕塑装饰的一种后期版本。在天平的另一端，一些小的手工制品让我们得以一窥学校的日常生活：陶瓷盘子、餐具和刀具。在宽阔的楼梯上，灰泥之中还保存着曾经用盘子吃饭的准祭司的脚印。

近年来，考古学家在卡尔梅卡克的马路对面发掘出更多建筑和结构。在一次挖掘中，人们发现了一个9米长的球场，阿兹特克人曾在这里进行一项运动，一些缺乏创造力的历史学家将其命名为"中美洲球类运动"。虽然并不为人所知，但游戏的规则看起来可能是各队在球场的石墙内为防止橡皮球反弹而战，臀部可能是击球的主要部位。西班牙人的描述表明，如果球击中了对方的墙，就可以得分，而如果一支球队成功地把球送入了石圈，就可以自动获胜。特诺奇提特兰城内的这个球场印证了人们在中美洲其他球场的发现。然而，当考古学家在球场外的楼梯旁发现了一堆（共32块）被切断的男性颈椎时，这个特殊的球场增加了人们对这项运动的现代理解。这表明，即使在休闲领域，人祭似乎也发挥了作用。这些受害者很可能是被献祭的，也许他们被砍掉了头颅，人祭属于围绕这个神秘游戏的仪式和传统的一部分。

> 虽然人们认为大约有500本阿兹特克手抄本（图画书）被制作出来，但只有大约20本幸存了下来。

特诺奇提特兰城中的球场只有一小部分被挖了出来，这是考古学家在现代墨西哥城的挖掘中所面临的典型问题。几个世纪以来，整个古老的特诺奇提特兰城区一直在经历建设、拆除和重建。墨西哥城是西半球人口最多的大都市区，市区拥有约900万人口，而在更大范围的都市区域内，人口超过这一数字的两倍。特诺奇提特兰城的中心也是后继城市墨西哥城的历史中心，殖民和革命的历史与阿兹特克人的历史共同争夺着这片空间。

大都会大教堂是墨西哥天主教大主教区的所在地，最初，它是人们用从大神庙抢来的石头建造而成的，它永远不会被拆除，因此考古学家得以对大教堂地底的情况进行调查。此外，考古学家能够在毗邻的曼纽尔·加米奥广场和宪法广场（或称佐卡罗广场）的部分地区挖掘壕沟以进行调查。每当附近的建筑被再开发或重新建造时，考古学家便可以进入这片区域的地基，以确保没有任何东西逃过他们的"火眼金睛"。

大神庙附近的球场就是这样被发现的。当一家20世纪50年代的酒店被拆除重建时，考古学家得以一窥他们以前从未见过的狭窄走廊。在球场旁边，人们挖掘出了36米高的伊厄科特尔-奎扎科特尔（Ehecatl-Quetzalcoatl）神庙的一部分，伊厄科特尔-奎扎科特尔是阿兹特克的风与智慧之神。挖掘结果表明，该神庙是一个独特的圆形建筑，与西班牙牧师贝尔纳迪诺·德·萨阿贡的描述相符，其外墙与贝尔纳迪诺所作的现代街道平面图完全一致。然而，事实证明，西班牙文献在一个

▲ 第111号祭品，2005年出土于一个儿童墓葬，这位献祭受害者被不寻常地完整埋葬了

▲ 在对大神庙进行挖掘时发现的骷髅墙或称头骨架的细节图

▲ 2009年在特拉特洛尔克发现的49具骸骨引发了这些阿兹特克人为何被埋在一起的思考

重要的方面犯了错误——他们所记载的伊厄科特尔-奎扎科特尔神庙的位置与其实际位置相比，向北偏移了25米。

对墨西哥城阿兹特克遗迹的考古挖掘并不局限于大神庙建筑群。在大神庙向北几英里处，人们于特拉特洛尔克附近发掘出了第二座伊厄科特尔-奎扎科特尔神庙。特拉特洛尔克是由持不同政见者、在特诺奇提特兰城建城13年后，建立的第二个城邦，它与更强大的邻居特诺奇提特兰城一起成长，并最终于1473年并入后者的控制之下。

到合并时，特拉特洛尔克的居民已经建造出了他们自己的伊厄科特尔-奎扎科特尔神庙，该神庙的圆形平面图与附近的特诺奇提特兰城神庙相似。因为神的形象是一条长着羽毛的蛇，所以人们将这个不寻常的圆形建筑建造成一条盘绕的蛇的样子，祭司们通过一个形似蛇的尖嘴的门进入神庙。考古学家还发现了11米宽的神庙平台，平台上涂着白色的灰泥，供奉着鸟骨、黑曜石、仙人掌刺，以及猴状的陶瓷雕像和嘴部呈鸭嘴状的陶瓷雕像。

2014年，人们为了建设更大的购物中心而拆除了一家超市，至此，神庙才重见天日。然而，早在伊厄科特尔-奎扎科特尔神庙被发现之前，特拉特洛尔克就已经作为一个重要的考古资源而闻名了。游客们可以在"三种文化广场"欣赏到60多座阿兹特克建筑，包括祭坛、平台和神庙，而这里之所以被称为"三种文化广场"，是因为阿兹特克时期、西班牙殖民时期和墨西哥时期的建筑在这里并排矗立。

然而，考古学家仍有大量工作要做。2002年，人们在对西班牙殖民时期建造的圣地亚哥教

▲ 揭开历史的层层面纱是一个缓慢的过程，需要细心的观察和处理

堂进行挖掘时发现，这座教堂建在阿兹特克人的地基之上，就像特诺奇提特兰城的大神庙被埋在大都会大教堂下面一样。但不同的是，这座教堂下面的废墟并不是阿兹特克人做礼拜的地方，而是一个简单的凸起的箱状构造。它是一个2米深、8米宽的石盆，发挥水箱的作用。水从4英里（约7千米）外的查普尔特佩克山通过引水管道注入盆中。虽然特诺奇提特兰城和特拉特洛尔克被特斯科科湖所环绕，但湖水并不适合饮用，于是水箱就像一个饮用水蓄水池一样，居民可以将水箱中的水用罐子盛满并带走。

鉴于它对城市居民的重要意义，水箱上装饰了色彩鲜艳的壁画，其褪色的残余部分已经被考古学家记录和保存了下来。阿兹特克和西班牙风格的融合是中美洲历史的缩影。壁画中有独木舟、渔夫、鸭子、芦苇、睡莲、苍鹭和美洲虎。在一幅特别的画中，一条盘绕的蛇试图吃掉一只青蛙。蛇和青蛙是阿兹特克信仰体系中的重要动物，但其自然主义的绘制方式又在欧洲艺术中更为常见。从本质上讲，水箱上的壁画捕捉了阿兹特克文化和西班牙文化的首次接触，这种接触发生在科尔特斯抵达特诺奇提特兰城之后到特诺奇提特兰城陷落之前的那段时间。

这个水箱的历史可以追溯至阿兹特克末代统治者夸乌特莫克的统治时期，它可能代表了帝国崩溃前的最后一项阿兹特克土木工程。

▲ 在特拉特洛尔克发现的水箱上的壁画是阿兹特克文化和西班牙文化首次相遇的瞬间的简单写照

2009年，考古学家在特拉特洛尔克搜寻宫殿建筑群时，惊讶地发现了49具集体埋葬的骸骨。大部分骸骨（共45具）属于处于战斗年龄的年轻男性。其他4具骸骨分别属于两个孩子、一个青少年，以及一个戴着戒指的年长男性，他的戒指可能是其更高地位的象征。这是一个战争坟墓吗，里面都是那些反抗西班牙侵略者而战的人吗？这似乎不太可能，因为几具骸骨上有伤口已经愈合的迹象。这些骸骨也被精心埋葬了，他们整齐地成排平躺在地上，双臂交叉着并被龙舌兰叶子包裹起来。

考古学家目前的观点是，这些不幸的阿兹特克人是在特拉特洛尔克附近的战斗中被俘的战俘，他们被迫成为劳动力，来拆解阿兹特克人的

▲ 在大神庙骷髅墙附近发现的头骨分析结果显示，有四分之一的头骨属于妇女和儿童

神庙,并建造取而代之的殖民城市。这次集体埋葬很可能是由西班牙统治者下令进行的,但执行者却是当地居民,之所以这样说,是因为坟墓里出现了典型的阿兹特克陪葬品,例如铜项链和骨纽扣。

考古学家将继续在墨西哥城进行挖掘,试图回答许多其他遗留问题,延续阿兹特克考古学如今的黄金时代,并揭示首都特诺奇提特兰城的更多过去。

阿兹特克人的亚特兰蒂斯
在海岛城市进行古物挖掘时遇到的关于水的问题

调查阿兹特克首都的考古学家不仅要揭开历史的面纱,还必须与特诺奇提特兰城不寻常的地理环境进行斗争。这座城市建立在特斯科科湖的一组沼泽岛屿上,岛上的土地是人们使用多层树干和土壤从水中开垦出来的——这是一种古老的技术,在同一时间,地球另一端的威尼斯市政工程师也采用了与之相似的技术。考古学家还发现了纵横交错的阿兹特克城市运河的痕迹,以及一个伸入湖中的码头。

但是,湖水逐渐渗入地基。在过去的500年里,特诺奇提特兰城的废墟一直以每年一米的速度向浸满水的土壤中下沉。考古学家必须不断抽出壕沟中的水,刮去像胶水一样粘在泥铲上的湿土才能窥得一二。唯一没有遭受湖泊破坏的地方是大神庙,它建在一个坚固的岛上,下沉的速度比其他地方要慢得多。当埃尔南·科尔特斯在1519年11月作为蒙特祖马二世的客人访问特诺奇提特兰城时,大神庙矗立在高于全城150英尺(约46米)的地方。如果它周围的土地仍以目前的速度继续下沉,最终它将再次高于全城150英尺。

▲ 特诺奇提特兰城是一个建立在湖中的岛屿城市,湖水最终会将这座城市淹没

帕茨夸罗湖地区的亡灵节。按照传统,人们用金盏花和供品装饰坟墓,并在已故家庭成员的坟墓旁过夜

阿兹特克的过去存在于墨西哥的未来

没落的阿兹特克帝国遗迹在今天的墨西哥依然存在

作者：威尔·劳伦斯

贝尔纳迪诺·德·萨阿贡是方济会修士、传教士和开创性的人种学家，参与了西班牙对墨西哥的殖民。他曾讲过一个故事，这个故事可能是虚构的，是西班牙人为了便于征服而精心编造的。这个故事说道，在埃尔南·科尔特斯到达期间，统治阿兹特克的国王蒙特祖马二世对征服者的出现表示欢迎，同时，他还回忆起当地的一种信仰，并宣布这个西班牙人是羽蛇神的化身。在阿兹特克人的信仰中，羽蛇神注定要回来重建他神圣的托兰王国。

据说在今天的墨西哥人，甚至一些生活在美国的拉丁美洲人中，仍然有人坚持这种信仰，他们盼望着有一天会有一个伟大的阿兹特克神明带着象征意义或政治意义回归。如今，阿兹特克文化在现代墨西哥、相关族群，以及许多把阿兹特克称为家的人的心中，仍然占有重要地位。

和古都特诺奇提特兰城一样，特拉特洛尔克也是墨西哥城的主要考古遗址，1964年，当时的墨西哥总统在这座城市揭开了一块牌匾，牌匾上面写着："历经英勇捍卫……特拉特洛尔克落入埃尔南·科尔特斯之手。这既不是胜利，也不是失败，而是今天墨西哥这个梅斯蒂索民族的痛苦诞生。""梅斯蒂索人"这个词指的是西班牙人和印第安人结合产生的混血儿，是墨西哥基因库的基础。如果你站在墨西哥城中心的特拉特洛尔克考古遗址前，你会看到阿兹特克金字塔矗立在诞生于早期殖民时期的圣地亚哥特拉特洛尔克教堂前，而现代的塔楼则俯视着一切。在这里，我们看到三种文化——阿兹特克文化、西班牙文化、梅斯蒂索文化，合而为一。

▲ 一个为了庆祝亡灵节而精心制作的祭坛，上面摆放着食物、照片和金盏花

▲ 亡灵节期间，贾尼齐奥岛（Isla Janitzio）上的一个被烛光照亮的墓地

▲ 朝圣者睡在瓜达卢佩圣母像旁。瓜达卢佩是一个重要的宗教人物,她与基督教和前基督教(pre-Christian)都有渊源

> 对于乡民、农民和渔民来说,税收是交给蒙特祖马二世还是交给菲利普二世都无关紧要。

现代墨西哥人,就像他们的阿兹特克祖先一样,有着深刻的文化记忆,就像阿兹特克人会在回顾托尔特克遗产时泪眼蒙眬并感到自豪一样,墨西哥人回首阿兹特克祖先时也会感到自豪,这是情理中之事。这种自豪感在墨西哥国旗上可见一斑:绿、白、红三色垂直条纹的中间,有一只叼着蛇的老鹰站在一棵仙人掌上。这幅画在阿兹特克人的世界里非常重要,它象征着战争和太阳之神维齐洛波奇特利对人民的指引,他将人们引向了建造特诺奇提特兰这座伟大城市的圣地。这幅景象构成了《门多萨手抄本》卷首的中心图像。

在墨西哥,对阿兹特克往昔的崇拜随处可见,这种崇拜在行政层面也有体现:中央政府资助考古,当地考古学家自己发掘过去以纪念国家遗产。许多考古资金来自联邦政府支持的人类学

▲ 游客们在墨西哥城国家人类学博物馆欣赏特诺奇提特兰城和特拉特洛尔克城的全景

和历史研究所，他们似乎为挖掘位于特诺奇提特兰城的大神庙——阿兹特克城市的伟大象征，投入了一大笔钱。1978年至1982年，考古发掘工作如火如荼，名副其实的考古负责人爱德华多·马托斯·莫特祖马变成了举国闻名的人物。

值得注意的是，虽然西班牙的征服并不意味着阿兹特克文化的彻底毁灭，但它确实对政府的性质和制度产生了深远而又直接的影响。人祭制度被立即废除，阿兹特克税收制度也于1521年消亡，但当地的战争战术及现有的贸易系统和贸易动脉延续了下来。除此之外，更为公开、更为明显的国教标志也受到了狂热的基督徒的攻击。

但是，阿兹特克农民的生活基本上没有受到影响，这种情况在农村地区持续了很长时间。时至今日，一些地区的农民生活仍然基本保持不变。纳瓦特尔语也幸存了下来，直到今天，墨西哥各地仍有100多万人在使用纳瓦特尔语，它一直是阿兹特克古代故事、神话和传说的一个重要而又鲜活的宝库。即使是在殖民时期，对于乡民、农民和渔民来说，是被蒙特祖马二世还是被菲利普二世统治，向谁纳税，都是无关紧要的问题。卡尔普利，即在同一地区生活和工作的家庭的集合，仍然是人们社会生活的中心。虽然西班牙人的征服可能

> 阿兹特克风格的设计仍然是当代时尚的流行元素。

在墨西哥城的中心,阿兹特克人、西班牙人和梅斯蒂索人的建筑并肩而立

▲ 阿兹特克神灵修罗托有时会与帮助死者进入另一个世界的灵犬联系在一起

标志着主导城市景观的大金字塔和神庙建筑项目的结束，但普通民众可以继续建造并居住在与之前一样的简单房屋之中。

同样，普通民众使用的传统工具，以及独特的橙色无釉陶器也仍在继续使用。即使引进铁器之后，全国各地的工人仍然保留并继续制造黑曜石工具。考古学家已经证明，1650年后，铁钉和釉面陶瓷才开始出现在当地农村地区。虽然这种对本土传统的保留可能只反映了人们不愿改变的心理，但一些历史学家认为，这是许多普通人有意识的决定，他们希望借此来提高自己的政治影响力和经济地位，同时在日常生活中发挥更大的影响。

当然，他们无法阻挡潮流，西班牙语和文化最终渗透到当地人们生活的各个领域。然而，纳瓦特尔文化并没有被完全淹没。即便今天，仍有纳瓦特尔印第安人生活在墨西哥。当然，"印第安人"这个词是有争议的，尤其是当它与美国的印第安人联系在一起的时候。在中美洲，西班牙人用这个词来称呼所有的土著民，以将其与欧洲"霸主"区分开来，无论是阿兹特克人、玛雅人、萨波特克人还是任何其他种族的人，都被统称为"印第安人"。然而，在今天的墨西哥，它的用法已经发生了改变，"印第安人"这个有争议的术语用来指代那些说当地语言、生活在农村贫困地区的人。

现代的纳瓦特尔印第安人不是阿兹特克人，但他们的生活中包含着阿兹特克文化的回声。据

迭戈·里维拉和弗里达·卡罗
两位著名的墨西哥艺术家崇敬本国的阿兹特克往昔

迭戈·里维拉是墨西哥杰出的画家，他的大型壁画帮助人们发起了墨西哥艺术中的壁画运动。自1922年到1957年去世，里维拉在墨西哥城、查宾戈、库埃纳瓦卡、旧金山、底特律和纽约等地绘制壁画，并因将阿兹特克影响融入作品而闻名。

他最著名的壁画之一是《墨西哥历史》，这是他在1929年至1935年为墨西哥城国家宫殿的楼梯间创作的。壁画的北部颂扬了阿兹特克世界的丰富多彩，并将太阳置于中心。在这一部分中，他描绘了阿兹特克宗教的方方面面，包括对蛇和美洲虎的崇敬。阿兹特克人一直是他作品中反复出现的主题。

他的妻子弗里达·卡罗也是如此，她可以说是有史以来最著名的墨西哥画家。她与丈夫经历了一段动荡的婚姻，像她的丈夫一样，她也高度关注政治。她1940年创作的《戴荆棘项链和蜂鸟的自画像》混合了基督教和阿兹特克信仰的意象，荆棘项链与基督的荆棘王冠相呼应，同时也让人想起阿兹特克仪式中祭司用荆棘和刺进行自残的场景。与此同时，她脖子上的死蜂鸟被认为是太阳神、战神、特诺奇提特兰城主神维齐洛波奇特利的圣物。

◀ 弗里达·卡罗和迭戈·里维拉，他们将阿兹特克意象融入艺术作品之中

◀一幅1812年的画像，画中人物为起义领袖何塞·玛丽亚·莫雷洛斯

说，他们建造传统土坯房屋的技术与他们的祖先几乎一模一样。此外，他们的饮食包括玉米、豆类、辣椒、鳄梨和南瓜，也与阿兹特克人非常相似。根据人类学教授迈克尔·E.史密斯博士的说法，即使有了纺织业，许多纳瓦特尔印第安人仍然坚持手工纺线，并且，他们使用的背带织机"几乎与阿兹特克人使用的织机一模一样"。但是，同样显而易见的是，西班牙文化和梅斯蒂索文化也已经渗透到了印第安人的生活当中，例如，后者会像前者一样纺羊毛，并以猪肉和鸡肉为食。但是，西班牙人和梅斯蒂索人又提供了进一步的证据，以证实在许多层面上，现代墨西哥生活和文化是由过去的阿兹特克的遗迹支撑的。

有趣的是，纳瓦特尔语不仅贯穿于

▲ 齐纳坎特佩克修道院有一个著名的水池，其设计融合了基督与玛丽的基督教图像及阿兹特克雨神特拉洛克的象征符号

阿兹特克人吸收了基督教的元素,并将其与自己的信仰相融合。

墨西哥各地的地名——从科约阿坎(Coyoacan)到丘鲁武斯科(Churubusco),还悄悄渗入了英语之中。仅举几个例子,比如来自tomatl的tomato(西红柿)、来自coyotl的coyote(土狼)、来自chocolatl的chocolate(巧克力),等等。

因为一神论不是一个包容性的信仰体系,所以与包括阿兹特克人自己在内的许多入侵者不同,西班牙传教士并没有将被征服者的神明融合或吸收进自己的宗教之中,但与此同时,他们没有,也不可能摧毁新臣民宗教的所有痕迹。修士和传教士在通过纳瓦特尔语翻译来进行表达时,也做出了妥协,历史学家戴维·卡拉斯科说道:"这往往会给罪恶、受难、牺牲、拯救、圣人和上帝的概念带来新的含义。"他说,当地人还抵制新建的基督教教堂,迫使传教士建造大型的露天场地来举行弥撒和布道。

再往前追溯,早期殖民时期雕刻的许多雕塑也融合了基督教和阿兹特克的宗教意象。一个典型的例子是齐纳坎特佩克(Zinacantepec)修道院的洗礼池,这是一个巨大的整体式盆状物,由灰色火山岩切割而成,雕刻的设计结合了基督与玛丽的基督教图像,以及雨神特拉洛克的象征符号。也许基督教和阿兹特克信仰最有力的融合是瓜达卢佩圣母(墨西哥人民的地方守护神)的故事,据说她的幻影曾在殖民时期出现在一个与当地女神密切相关的避难所中。她会说纳瓦特尔语,并且有着与阿兹特克人相同的种族肤色,她对土著人表示友好,同时代表他们向西班牙人提出要求。如今,她被全世界尊为神圣的"墨西哥之母"。

也许今天幸存下来的最著名阿兹特克仪式就是亡灵节了,这个节日实际上是对生命的庆祝

▲ 本土图像印制在许多墨西哥货币上,例如这幅柯约莎克石雕图像

▲ 蓝房子（Casa Azul）中的亡灵节祭台，蓝房子是弗里达·卡罗在墨西哥城的家

▲ 弗里达·卡罗创作的《戴荆棘项链和蜂鸟的自画像》融合了阿兹特克和基督教的意象

兹特克人称之为"cempoalxochitl"（意为"二十朵花"），他们将这种花与生命的结束联系在一起。祭坛，尤其是家中的祭坛，会被进一步用糖制头骨、死者的照片和甜甜的"亡灵面包"（"pan de muerto"）等食物装饰起来。祭坛上通常会点着蜡烛，并萦绕着柯巴脂香。"如果你仔细观察这些祭坛，"戴维·卡拉斯科写道，"你可能会注意到一个诙谐的、温柔的阿兹特克灵犬修罗托（Xolotl）的形象，它站在通往米特兰的地下河旁的基座上，等待着引导死者的灵魂到达彼岸"。在墨西哥，仪式的第一天是为了纪念去世的婴幼儿和儿童，成年人的纪念仪式在第二天举行。

阿兹特克艺术也进入了现代画家和雕塑家的作品之中，例如迭戈·里维拉和约瑟·克莱门特·奥罗斯科的著名壁画作品，以及弗里达·卡罗的画作，弗里达·卡罗可能是墨西哥最著名的视觉艺术家。阿兹特克人的形象也出现在墨西哥的纸币上，并广泛应用于传统舞蹈之中。

和对祖先的纪念。考古学已考证，在阿兹特克文化中，死者通常被埋葬在离家很近的地方，或被安置在家中的院子里，他们仍然被视为家庭的一部分。为已故家庭成员举行仪式并准备祭品被视为现代墨西哥人举行亡灵节仪式的基础。

> 对阿兹特克社会的迷恋催生了无数的电影、书籍甚至电子游戏。

据说，在阿兹特克时代，这些仪式很可能举行于盛夏，但之后被推迟到10月31日举行，然后又被推迟到11月的第一天举行，以配合基督教三节——万圣节前夜、万圣节和万灵节。这些庆祝活动现在遍及美国和墨西哥，并成为可以公开展示的仪式，而不再只由墨西哥人在家中举行。

无论是在公共场合还是私人场合，人们通常都会用亮黄色或橙色的金盏花来庆祝亡灵节，阿

19世纪初，在墨西哥脱离西班牙的独立战争中，起义领袖何塞·玛丽亚·莫雷洛斯援引阿兹特克战士和西班牙人在特诺奇提特兰城的屠杀，宣称"蒙特祖马的灵魂……庆祝……这个快乐的时刻，你们的孩子聚集在一起，为不公正和暴行而复仇"。如今，墨西哥有了更多的和平时期。领先的学术期刊被命名为阿兹特兰（阿兹特克人的神秘发源地），鹰和蛇仍然是墨西哥艺术中反复出现的主题，令人想起阿兹特克头骨架的骷髅也常常出现在艺术作品之中。阿兹特克的过去仍存于墨西哥的现在，并似乎将成为墨西哥未来的重要组成部分。有些人甚至会说，羽蛇神已经回来了，他保护着他的国家和人民生活在一个新的现代世界。

关于市场

阿兹特克帝国是一个贸易网，仅在特诺奇提特兰城就有大约八十个市场。这里描绘的是特拉特洛尔克的主要市场，它是阿兹特克帝国最大的市场之一。西班牙征服者认为特拉特洛尔克市场太大了，不可能在一天内逛完，在这里，鲜花和食物与黄金和宝石一起争夺空间。一位身居高位的官员密切关注着交易过程，如果买卖双方意见不合，他准备随时介入以维持和平。

楼梯上的血迹

虽然里维拉在他的壁画中理想化了阿兹特克文化，但他也愿意描绘其丑恶的一面。阿兹特克人相信神灵牺牲自我以维持世界，于是他们设计了由阿兹特克祭司进行的人祭，以偿还对神的亏欠。被献祭者被杀害在高层神庙里的一块石板上，有楼梯可以通往那里。最常见的人祭方式是，受害者的心脏被取出，尸体被推下楼梯。里维拉通过在神庙的楼梯上画上血迹，来暗示这种可怕的仪式。

迭戈·里维拉的《墨西哥历史》

也许关于阿兹特克时期的最著名的视觉描绘来自迭戈·里维拉，他受墨西哥政府委托创作壁画，描绘国家历史，以作宣传之用。里维拉最著名的作品收藏在墨西哥城的国家宫殿里，其中包括位于主楼梯上的《墨西哥历史》，这幅壁画作品由三部分组成，分别绘制在三面墙上。这里所展示的壁画《宏大的特诺奇提特兰城》是里维拉于1945年在宫殿一楼走廊上绘制的。

城市扩张

在背景中伸展开来的是广阔的特诺奇提特兰城,画中绘制了多达 5 平方英里(约 13 平方千米)的金字塔、广场、宫殿、花园和运河,这彰显了前哥伦布时期美洲最大城市的财富和繁荣。这座城市本质上是一座建在特斯科科湖上的岛屿城市,有可以用来防御的桥梁,城市的中心是大神庙,这是一个由两座神庙构成的建筑群,供奉的是战神维齐洛波奇特利和雨神、农业之神特拉洛克。

神秘的诱惑者

那个留着长发、化着妆、戴着百合花头饰、涂着指甲油、腿上有文身的神秘女人是谁?有人认为她是花神和爱情女神索奇克特萨尔(Xochiquetzal),也有人认为她是一朵交际花。不管她是谁,这个女人正妩媚地撩起裙子,而一位战士正向她献上一件恐怖的礼物——一个白人入侵者的断臂。看来追求这位女士并不需要鲜花或巧克力。

医生现在要来见你了

市场也是医生们兜售产品的地方。草药可能出奇地有效,尽管它们背后的原理常常不那么正确,例如,发烧是用泻药或利尿剂治疗的,这可能清除了体内的病灶,但阿兹特克人认为这是发烧本身的热量被疏散了。从神那里传来的疾病可能需要替代治疗,例如病人用献祭者的皮肤覆盖住自己。

帝国其他遗迹

圣城特奥蒂瓦坎

在今天墨西哥城东北方向约40千米处,是阿兹特克圣城特奥蒂瓦坎的遗迹。最大时,特奥蒂瓦坎占地超过36平方千米,是中美洲最大的城市之一,至少有2.5万居民。如今,它留存的遗迹仅占其在阿兹特克文明时期的十分之一,但考古学家在这个古老的遗址上发现了宫殿和住宅区。然而,我们今天所能看到的,是一些最著名的阿兹特克神庙。在2.4千米长的死亡大道的北端,是现存的第二大建筑——月亮金字塔。这座金字塔的建造旨在反映它背后的山的形状,实际上它并不是阿兹特克人设计建造的。几个世纪前,特奥蒂瓦坎城被一个更早的文明遗弃,当阿兹特克人到达时,城中的大部分地区都已经沦为废墟。

在死亡大道的南端坐落着一座巨大的城堡,占地38英亩(约0.15平方千米),里面有著名的奎扎科特尔神庙,或称羽蛇神庙。该建筑群被认为位于特奥蒂瓦坎的正中间,神庙周围还环绕着寺庙,因为这里还是这座城市的领导中心。说到特奥蒂瓦坎,就不能不提到西半球最大的金字塔之一——太阳金字塔。这座古迹高66米,由惊人的765000立方米的岩石建造而成,由248级台阶通往平坦的顶端。虽然这是阿兹特克人最著名的建筑之一,但目前没有人知道它的实际建造原因,最主流的观点认为是因为山顶上有一座神庙。

位于阿卡蒂特兰（Acatitlan）的金字塔神庙

阿卡蒂特兰小镇位于墨西哥城以北45分钟车程的地方，是阿兹特克建筑中保存最完好的典型之一，那里坐落着一座双生金字塔神庙，神庙面对着一个广场，这个广场可能用作举行仪式的公共场地。这座神庙本身遵循了典型的阿兹特克双生金字塔的模板，分别供奉着特拉洛克和维齐洛波奇特利。在阿卡蒂特兰的金字塔的屋顶上，建有两座神庙，一座位于南方，一座位于北方，分别供奉着这两位神灵。北庙供奉着特拉洛克，里面有一尊查克·摩的雕像，查克·摩是众神的使者，负责运送人类祭品。

阿卡蒂特兰神庙的选址是阿兹特克人认真了解周围世界后完成的一项伟大壮举。金字塔与周围的景观相得益彰，尤其是其后的两座大山，人们认为这两座山体现在双生金字塔的两座神庙之中。

特纳尤卡的蛇

特纳尤卡建于1224年左右,最初曾是奇奇梅克人的首都,后来首都的荣誉被转移至特斯科科。然而,特纳尤卡并没有就此衰败,因为阿兹特克人在1325年搬到了这里。这里的神庙建于城市早期,一些学者认为这座神庙是特诺奇提特兰城大神庙的模板,神庙一共有四层,并且面向着一个广场。神庙底座有三面没有台阶,它们被一整面"蛇墙"("coatepantli")所连接,这面墙因为装饰着石蛇而得名,这些蛇被认定为"火蛇"("xiuhcoatls"),火蛇是当地人崇拜的六神之一的维齐洛波奇特利神的武器。我们知道这些蛇是涂有颜色的,因为南墙和东墙上的一些蓝绿色的油漆仍然肉眼可见,同时北边的墙上也可以看到黑色和白色的油漆。人们认为这些颜色与太阳崇拜有关。

山顶神庙

特波兹特科镇,或称特波兹特兰镇,以其献给阿兹特克神灵特波兹特科(Tepoztecatl)的神庙而闻名。金字塔建在山顶上,四周景色壮观,从东侧台阶往上走9.5米就可以到达金字塔的平台,神庙就在这里。从金字塔底部的两块牌匾上,我们可以大致知道它是什么时候建成的:一块牌匾上带有意为阿维索特尔国王的象形文字,这意味着我们可以假设它建于1500年之后;而另一块牌匾对应的则是阿维索特尔统治的结束时间——1502年。神庙本身由两个房间组成,有证据表明,神庙的屋顶是用火山岩(tezzontle)建成的,而门框和长凳则是用石头建造的。纪念特波兹特科的活动通常在作物收获后举行,直至今天,人们仍然会爬上山来进献祭品。

卡利斯特拉瓦卡

　　卡利斯特拉瓦卡城加强了防御——这是必须的。它最初属于马特拉钦卡人（Matlatzincas），与阿兹特克帝国接壤，一直是一个脆弱的城市。在阿萨亚卡特尔统治期间，阿兹特克人终于入侵了这座城市，将其征服并抓获了11000名俘虏，这些俘虏随后被献祭给了神灵。随着流血事件的结束，阿兹特克人搬进了他们的新城市，并开始了一系列建筑工程，其中就包括为伊厄科特尔-奎扎科特尔神庙扩建一层。

　　今天留存下来的是三个位于现代城镇之中的阿兹特克遗址群，第一个遗址群中有一座供奉羽蛇神的圆形神庙，其形状看起来很像神的标志——盘绕着的蛇。第二个遗址群中包括一座神庙和一个祭坛，而最后一个遗址群中包括一个住宅区和一座宫殿。这些都是中美洲保存最完好的典型阿兹特克建筑之一。

图片所属

15页	© Corbis, Getty, Jay Wong	111—117页	© Alamy, Getty Images
22—27页	© Alamy, Getty Images, Creative Commons; Göran Nilsson & The Liverpool Telescope	128—131页	© Kevin McGivern
		132—133页	© Alamy
		138—141页	© Creative Commons; INEHRM, Michael Wal
33页	© Getty Images	151—155页	© Map of Mexico by FreeVectorMaps.com, Thinkstock, Joe Cumminhs, Corbis
34、35页	© Getty Images, Creative Commons; Sailko Messico		
36—37页	© Getty Images, Creative Commons; AndonicO	162—167页	© Creative Coomons; Wolfgang Sauber, Hans Hillewaert, Guillermo Marín, Alamy, Getty Images
38—39页	© Getty Images, Creative Commons; Metropolitan Museum of Art		
40页	© Getty Images	183—189页	© Alamy, Getty Images, Creative Commons; miguelão. El Comandante
44—49页	© Alamy, Getty Images, Creative Commons; Wolfgang Sauber, Antony Stanley		
		200—203页	© Alamy, Getty Images, Creative Commons; Thelmadatter
55—61页	© Alamy, Getty Images, Creative Commons; Joe Ravi	207页	© Alamy
		209—211页	© Getty Images
62—65页	© Ed Crooks	213页	© Alamy
74—79页	© Alamy, Getty Images	215页	© Getty Images